www.tredition.de

AF185753

Stefanie Hirtreiter

Freischwimmer

Roman

www.tredition.de

© 2015 Stefanie Hirtreiter
Umschlag: Claudia Euler-Schmidt, es-grafik
Lektorat, Korrektorat: Kurt Eder

Verlag: tredition GmbH, Hamburg

ISBN
Paperback   978-3-7323-6167-0
Hardcover   978-3-7323-6168-7
e-Book   978-3-7323-6169-4
Printed in Germany

Für meine „Sabine", meine „Mara" und für Leonie

1.

Stella saß zusammengekauert in der Ecke ihres Bettes, die Arme um die angezogenen Beine geschlungen, als ob sie sich selber zusammenhalten müsste, den Kopf Halt suchend auf die Knie gestützt. Sie atmete tief durch und entschied sich – für nichts, denn es gab nichts. Wieder – für nichts. Das Ausatmen war keine Erleichterung, eher Ausdruck der Enttäuschung über sich selber. Stella lehnte den Kopf gegen die Wand. Traurigkeit machte sich in ihr breit wie Nebelschwaden: schwer, kalt, ein Wabern, das nach jeder Zelle in ihr zu greifen, ihr jede Kraft zu rauben schien; ein Nebelmeer, das ihre Gedanken verschleierte, sie hilflos und leer zurückließ. Die Leere war so intensiv, dass Stella nicht einmal mehr Tränen hatte, obwohl ihr zum Heulen zumute war. Alles erschien ihr stumpf, grau, freudlos. Stella fühlte sich allein und klein, sie konnte sich gar nicht klein genug machen, um dem, was sie fühlte, zu entsprechen. Da war sie wieder, diese gnadenlose Stimme, den verbalen Rohrstock schwingend, jeden Hieb treffsicher landend. Du bist intelligent, jung, mach endlich!, drangsalierte die Stimme, kneifst schon wieder, du Loser! Hör auf, bitte!, flehte Stella, zu vertraut waren ihr die Tiraden. Sie rutschte in ihrem Bett nach unten, drehte sich in die Embryohaltung und zog die Decke über sich. Nichts mehr sehen, hören, fühlen.

21 Jahre, 173 cm, schlank, zart, ganz gutaussehend, blaue Augen, blonde Haare, lang und glatt. Glatt, so schien auch Stellas Leben bislang verlaufen

zu sein. Bildungsorientierte Mittelschichtfamilie in einer Kleinstadt in Nordrhein-Westfalen, Mutter kaufmännische Angestellte, Vater Prokurist, ein drei Jahre älterer Bruder. Stella fiel das Lernen leicht, sie galt als problemloses, pflegeleichtes Kind. Sie liebte Pferde und Bücher, das Spiel mit Worten. Und so lag es nahe, dass Stella nach dem Abitur dem Rat ihrer Eltern folgte und sich für ein Germanistikstudium entschied. Mit den Flügeln schlagend, froh dem Nest der Kleinstadt zu entkommen und der Großstadt entgegenzufliegen, begann Stella sich ihr Studentenleben einzurichten. Alles lief gut …

Die Decke über Stellas Kopf mochte ihren Lebenslauf, diese Hülle, mochte die äußere Welt abhalten, nicht aber die innere. Das Gedankenkarussell rotierte, Stimmen schlugen auf sie ein, Unruhe trieb sie vor sich her. Erschöpft tauchte Stella unter ihrer Decke auf und griff nach ihrem Laptop, fast abwesend, das Anschalten ein Routinegriff – Stella hielt inne. Sie überlegte, suchte Worte, vorsichtig glitten ihre Finger über die Tastatur, als würden sie sich auf Eis bewegen, zaghaft prüfend, ob der Buchstabe ihre Absicht tragen könnte. „Nebel in mir" stand schließlich in dem Suchfeld. War es das? Wieder ein Zögern, dann das behutsame Berühren der Entertaste.

Fast vier Millionen Treffer. Ein Hardrocksong an erster Stelle. Wut, Stolz, Neid, Hass. - Ein Gedicht von Betty Paoli aus dem 19. Jahrhundert, Erinnerungen als Nebel. - Ein Blog über Feenwelten, Peter Pan. - Ein Schulaufsatz. - Der Finger scrollte weiter. Ein Gedichtband, eine Ansammlung von Aphorismen, die Interpretation einer Bibelstelle, ein Liedtext, wieder Gedichte, Wandertreff bei Nebel, die Frage, ob man Kinder bei Nebel rausschicken sollte.

Nach einigen Seiten dachte Stella ans Aufgeben. Es schien, als gäbe es selbst im Internet niemanden, der sie verstand. Sie war noch nicht einmal mehr frustriert, zu sehr waren ihre Gefühle von der Hoffnungslosigkeit des Nebels gedämpft, als würde der Nebel sich von ihren Gefühlen und Gedanken ernähren, sie nach und nach auffressen. Ein, zwei Seiten noch, gedankenverloren klickte sie weiter. „Die Nebelwand". Ein Doppelklick. Nebelschwaden ließen immer nur Teile des Textes erkennen. Da war die Rede von einer Nebelwand im Körper, die etwas im Inneren gefangen hielt, das nach draußen wollte, etwas, das der Schreiber in sich spüren und dennoch wegen der Nebelwand nicht fassen konnte. Es glimmte in ihm wie ein Funke immer einmal wieder auf, doch nur ganz kurz, wie ein Fingerzeig, ich bin da, Hilfe! Der Autor sprach von vergeblichen Versuchen, dieses „Es" zu erkennen, befreien zu können von dem Gefühl der Hilflosigkeit, der Unfähigkeit. Stella war jetzt hellwach. „Ich spüre, dass dieses Etwas zu mir gehört, dass es ganz wichtig für mich ist, als käme es direkt aus meiner Seele. Einmal bemerkt, lässt es nicht locker, im Gegenteil: Es schreit immer vehementer – doch ich kann es nicht verstehen." Ja, dachte Stella, so fühle ich mich!

Als sie den Text fertig gelesen hatte, suchte sie die Webseite nach weiteren Informationen, Buttons und Verlinkungen ab Wer hatte das geschrieben? Wozu die Seite, wenn es nicht weiterging? Systematisch fuhr Stella mit dem Cursor die Seite ab. Doch da schien nichts zu sein. Etwas verwirrt und verärgert wollte Stella aufgeben. Hatte sie etwas übersehen? Noch einmal versuchte sie, den Text durch die Nebelschwaden zu erkennen. Konzentriert schaute sie auf den Bildschirm. Und plötzlich flackerte in der einen Ecke ein Licht auf. Das musste es sein, schoss es Stella durch den Kopf. Doch das Licht war schon wieder verschwunden. Shit, das wird nicht leicht. Gebannt starrte sie weiter, konzentriert, ihre Augen hasteten über die Seite. Es dauerte lange, so kam es zumindest Stella vor, dann ein erneutes Aufflackern in einer gegenüberliegenden Ecke. Schnell fuhr sie mit dem Cursor dorthin, doch sie war nicht schnell genug. Enttäuscht und verärgert überlegte Stella, wie sie es schaffen konnte. Sie platzierte den Cursor in der Bildmitte und rief die Stoppuhrfunktion in ihrem Handy auf. Wenn sie es beim nächsten Mal nicht schaffte, würde sie versuchen, die Zeit zwischen den einzelnen Funken zu stoppen, vielleicht gab es da eine Regelmäßigkeit. Wieder dauerte es lange, als wollte der Seitenbetreiber Geduld und Ausdauer auf die Probe stellen. Diesmal hätte sie es geschafft, doch irgendwie schien der Cursor zu haken. Waren ihre Finger vor Anspannung feucht geworden? Stella wischte ihre Hände an ihrem T-Shirt ab und begann sich wieder auf die Seite zu konzentrieren. So schnell würde sie nicht aufgeben. Nach einer kleinen Ewigkeit endlich ein Flackern, jetzt sogar ziemlich nahe der Bildmitte. Der Cursor flog zu der Stelle, ein Doppelklick – geschafft! In ihrem Inneren jubelte Stella.

Ein kleines Popup-Fenster öffnete sich. „Enter password", ein Feld für das Passwort und darunter „durchbricht die Nebelwand in dir". Was sollte das denn? Jetzt war Stella wirklich sauer. Sie wollte keine Spielchen spielen und keine Rätsel lösen. Verärgert warf sie den Laptop auf ihre Bettdecke.

Was durchbricht die Nebelwand in mir? Wenn ich das wüsste, wäre ich sicher nicht auf dieser Seite. Stella starrte an die Decke. Doch die Frage ließ sie nicht los. Neugierde, Interesse? Wieder griff sie nach dem Laptop, tippte „Neugierde" ein. „Invalid password" leuchtete auf. „Interesse" – „Invalid password". Woher soll ich denn wissen, woran der Typ dabei gedacht hat? Und selbst wenn ich es wüsste, bräuchte es nur ein anderes Wort dafür zu sein und schon wäre es ungültig. Stellas Laune sank zunehmend auf den Nullpunkt. Sie probierte noch einige Wörter aus — ohne Erfolg. Das musste anders gehen! Ihr Kopf suchte, wälzte, überlegte. Wo war die Hintertür?

Schließlich öffnete Stella ein neues Fenster auf ihrem Laptop und gab „Die Nebelwand" als Suchbegriff ein. Klar, die Webseite, dann Amazon: Berichte aus dem Jenseits – ein Schauer durchfuhr Stella –, Hypnose-Zentrum, Artikel über den Automarkt, ein Adventurespiel, eine Facebook-gruppe, die sich selber als lustig bezeichnete, Sportberichte... Seite um Seite tastete sich Stella vor. Sie rieb sich den Nacken, griff zu der Flasche neben ihrem Bett und nahm einen großen Schluck. Durst, das Wasser durchströmte sie. Alles um sie war mittlerweile in schummriges Licht getaucht, nur der Laptop strahlte hell, als ob er die alleinige Quelle des Wissens, der Lösung wäre. Stunden waren spurlos verschwunden, geschluckt von diesem Geschöpf aus Plastik und Metall.

Gab es nicht die Möglichkeit, den Urheber der Seite ausfindig zu machen? Sicher nicht in der Welt der Germanistikstudenten. Alles schien ihr zu eng, in Form gepresst, wie ein Fließbandprodukt. Die wenigen Farbtupfer schwindelten Individualität vor wie bei Reihenhäusern in den

Vorstädten. Stella würde einen Hacker suchen. Sie starrte auf den Bildschirm und schleuderte ihm einen Gedanken entgegen: Und ich werde mich selber hacken.

2.

Maras Blick traf Stellas Zweifel zielsicher. Stellas Freundin war ein Fun-Girl, immer gut drauf, beliebt, witzig, Probleme gab es nicht für sie, – und somit prädestiniert, Stellas Innenwelt nicht zu verstehen. „Du siehst aus, als hättest du die Nacht mit einer Giftschlange in deinem Bett verbracht." „Eher mit einem Computervirus", griff Stella den Einwurf dankbar auf. „Und x Scanprogrammen, Firewalls und Neustarts." Den Blick sorgenvoll, aber nicht auf Mara gerichtet: „Ich hab Schiss, dass sie mein Password gehackt haben, sieht so aus." Jetzt erst konnte Stella Mara anschauen. „Weißt du nicht jemanden, der sich damit echt gut auskennt?" Mara überlegte, dann glitt ein Lächeln über ihr Gesicht. „Ich ruf Jannik an." Mara schnappte sich ihr Handy und ging in eine ruhigere Ecke des Unigebäudes. Mit glänzenden Augen kam sie zurück. „Läuft!" Stellas Erleichterung, dass es mit dem Schwindeln so gut geklappt hatte, passte auch noch perfekt zu Maras Hilfe. Innerlich stieß sie ein Dankgebet aus. Stella drückte ihre Freundin: „Thanks, bist ein Schatz!" „Joo!" – Irgendwann würde sie ihr die Wahrheit sagen.

Zurück in ihrem Ein-Zimmer-Apartment stellte sich Stella erst einmal unter die Dusche. Hin und her gerissen zwischen der Hoffnung auf den Durchbruch, den vielen Fragen, die in ihr kreisten und Antworten suchten, den Zweifeln, ob die Internetseite ihr diese geben konnte, rann das warme Wasser wie Tränenbäche an ihr herab, ihr auch diese Arbeit abnehmend. Voller Müdigkeit ließ sie sich ins Bett fallen.

Ihr Handy riss sie aus dem Schlaf. „Schätzchen, ein Typ, der Kim heißt, wird dich anrufen. Ist ein echter Computerfreak, etwas schräg, sagt Jannik, aber das kann dir ja egal sein." „Super!", Stella knurrte mehr, als dass man es reden hätte nennen können. "Schlaf weiter, see you tomorrow."

Tage vergingen. Stella ging zu Vorlesungen und Seminaren, traf sich mit Freunden und ging zum Workout. Doch ihr kam es vor, als ob sie von allem durch eine unsichtbare Glocke abgeschirmt war. Sie war nicht richtig dabei, als ob sie nur funktionierte und nicht wirklich lebte. Der Teil von ihr, der lebte, war damit beschäftigt, das Passwort zu finden – und auf Kims Anruf zu warten.

„Um fünf, unter der Karlsbrücke, Uniseite." Aufgelegt, die Nummer unterdrückt. Stella war kurz irritiert, das musste Kim gewesen sein. Was, wenn sie um fünf nicht konnte? Es war einer dieser grauen Tage, nasskalt, ein Wetter, das so wenig einladend war wie der Anruf. Stella fröstelte und verkroch sich noch mehr in ihre Daunenjacke. Ihre Hand hielt sich an dem zusammengefalteten Zettel in der Jackentasche fest, auf dem sie den Seitennamen und die Hinweise, wie man zur Passworteingabe kommt, geschrieben hatte. Nur ein alter Mann mit Hund war unterwegs. Eine Gestalt saß an der Kaimauer, grauschwarz, verwoben mit der Umgebung und dennoch eine Präsenz ausstrahlend, die die vermeintliche Unscheinbarkeit konterkarierte. Ins schwache Licht eines Laptops eingetaucht, die Tastatur mit einer Schnelligkeit bearbeitend, die nicht zur Trägheit des Wetters passte, schien er ein Widerspruch in sich zu sein. Er blickte nicht auf, als Stella sich ihm näherte und wartete, dass er mit dem Tippen aufhörte. „Hi", ihr Versuch, sich bemerkbar zu machen. Doch der Typ zischte nur kurz, konzentriert weiter auf den Laptop starrend. Nach rund zehn Minuten wandte er sich schließlich Stella zu, ihr für einen kurzen Augenblick Aufmerksamkeit gewährend. Stellas Hand fuhr aus der Jackentasche und hielt ihm den Zettel hin. Schnell überflog er ihre Angaben, stand auf, sie dabei mit einem Blick fixierend, den Stella nicht interpretieren konnte – durchdringend, amüsiert, überlegen? –, und verschwand die Böschung hochsteigend. Ihren Zettel hatte er fallen gelassen. Stella schüttelte sich innerlich, hob den Zettel auf und lehnte sich nachdenklich an den Brückenpfeiler.

Zwei Tage später ein weiterer Anruf: „Gleicher Ort, gleiche Zeit, 200." Bis jetzt hatte Stella gar nicht daran gedacht, dass Kim es natürlich nicht umsonst machen würde, viel zu sehr war sie auf das, was das Passwort freigeben würde, fokussiert. Sie schluckte kurz – doch es war es wert, wahrscheinlich sogar ein Sonderpreis – und schwang sich auf ihr Fahrrad. Das Gefühl, dass sie dem Durchbruch nahe war, dass sie die Antworten auf ihre Fragen erhalten würde, war ganz intensiv. Ihre Aufregung ließ sie fliegen und viel zu früh bei der Brücke sein, immer wieder schaute sie auf ihr Handy, um die Uhrzeit zu checken. Die Minuten waren klebrig, als wollte jede einzelne für immer bleiben. Unruhig spähte Stella in alle Richtungen. Umso mehr zuckte sie zusammen, als Kim wie aus dem Nichts plötzlich hinter ihr stand. Wieder glitt ihre Hand in die Jackentasche, diesmal das Geld herausfischend. Kim nahm es, holte einen Zettel aus seiner Jeanstasche und schob die Scheine an dessen Stelle hinein. Mit einer jovialen Geste händigte er ihr den Zettel aus und verschwand in das Nichts außerhalb Stellas Fokus, der auf den Zettel gerichtet war. Fast andächtig hielt sie dieses zerknitterte Etwas wie eine Kostbarkeit in der Hand, zögernd mit dem Auseinanderfalten, als ob sie die Spannung noch etwas länger genießen wollte. Behutsam schälte sie schließlich die Ecken voneinander, sich wie beim Auspacken von Weihnachtsgeschenken fühlend. Da stand es, ein einziges Wort, klein und schwarz inmitten eines Meeres aus Weiß.

3.

In Stellas Kopf wirbelten die Gedanken während sie nach Hause fuhr. Sie schmiss ihre Jacke in die Ecke und schaltete ihren Laptop ein. Nur schwer gelang es ihr, den Funken zu erwischen, zu aufgeregt, zu sehr von den Gedanken vereinnahmt war sie. Wieso sollte das Passwort diese Nebelwand durchbrechen? Und was bedeutete das Passwort eigentlich wirklich?

Das Pop-up-Fenster öffnete sich, der Cursor blinkte im Enterfeld. Konzentriert tippte Stella „Selbstliebe" und drückte die Entertaste. Die Nebelschwaden und der Text verblassten, ein Funkenfeuerwerk trat an ihre Stelle.

Und weiter? Stella war verwirrt. Sie suchte die Seite ab, am rechten Rand gab es zwei Stellen zum Anklicken. Ein Text blendete sich ein.

„Selbstliebe ist für mich der Schlüssel zum Verstehen von meinem Selbst. Das mag jetzt gestelzt klingen und ist vielleicht nicht für jeden verständlich. Um das etwas zu erklären, möchte ich zunächst in die früheste Kindheit eintauchen. Neugeborene kommen mit einem Gefühl der Verbundenheit mit allem auf die Welt, d.h. sie können noch nicht unterscheiden zwischen Ich und Du und den anderen. Das heißt auch, dass sie in den ersten Lebensjahren alles auf sich beziehen. Das ist wissenschaftlich erforscht. Sitzt also beispielsweise der Vater vorm Fernseher und schaut ein Fußballspiel, bei dem „seine" Mannschaft verliert, und er das mit Schimpfen lautstark kommentiert, so 'denkt' das Kind, der Vater schimpft mit ihm. Auch wenn es noch nicht alles verstehen kann, so nimmt es doch die negative, aggressive Schwingung, die Tonality wahr. Es schlussfolgert, dass es etwas gemacht haben oder sein muss, was nicht gut ist. Oder die Mutter ist aufgerieben zwischen Beruf und Familie und reagiert nicht immer so liebevoll, wie sie vielleicht möchte. So bekommt das Kind zunehmend den Eindruck, dass es so, wie es ist, nicht liebenswert ist, und entwickelt Strategien, wie es vermeintlich die Liebe bekommt, die es haben möchte. Es kann z.B. versuchen, sehr hilfsbereit zu sein oder lustig, um die anderen zum Lachen zu bringen, oder unscheinbar, weil die Eltern (oder andere Bezugspersonen) gestresst sind. Die Schlussfolgerungen, die das kleine Kind zieht, können z.B. sein: Ich bin so, wie ich bin, nicht gut genug, nicht liebenswert. Ich muss unscheinbar sein, um geliebt zu werden. Ich werde geliebt, wenn ich lustig bin, brav bin, fleißig lerne. Oder auch: Ich werde erst dann beachtet, wenn ich aggressiv, laut werde. Die Schlussfolgerungen verfestigen sich zu Glaubenssätzen, je mehr sie durch Wiederholung der Erfahrungen vermeintlich bestätigt werden. Doch sind sie 'wahr'?

Liebe ist bedingungslos. Wir können nicht ehrlich sagen: 'Ich liebe dich nur dann, wenn du dies oder jenes machst oder bist, ansonsten nicht'. Wir lieben, auch wenn das nicht heißt, dass wir alles gut finden, was der, den wir lieben, macht oder ist. Das Kind aber hat noch nicht dieses Verständnis, es baut ja erst seinen Wissenspool auf."

Stella atmete tief durch. Wow, das war heftig. Sie erinnerte sich daran, dass ihre Mutter viel Zeit und Zuwendung ihrem Bruder entgegengebracht hatte. Er war kein einfaches Kind, aggressiv, forderte viel Aufmerksamkeit. Deswegen bemühte sich Stella, das liebe Kind zu sein, hilfsbereit, selbstständig, beschäftigte sich oft alleine, aber das brachte ihr auch nicht mehr Zuwendung ein. Doch so wie ihr Bruder, das spürte Stella damals ganz tief in ihrem Inneren, wollte sie nicht sein, das fühlte sich nicht richtig für sie an. Die kleine Stella fühlte sich gefangen, ungesehen, in der zweiten Reihe.

Bei der Erinnerung füllten sich Stellas Augen mit Tränen. Es tat weh, an die kleine Stella zu denken, wie sie versuchte, ihr Bestes zu geben und dann doch erfuhr, dass es nicht „genügte", noch einmal das Gefühl zu durchleben, sich allein zu fühlen, nicht liebenswert. Die Tränen liefen an ihren Wangen herunter. Ihr Herz war schwer und schmerzte. Doch die Tränen taten gut. Sie hätte sie eh nicht aufhalten können. Durch den Tränenschleier schielte Stella auf den Bildschirm. Die Worte waren verschwommen – nur noch ein Absatz. Reiß dich zusammen! Schniefend versuchte sie die Worte zu entziffern.

„Wenn also Liebe bedingungslos ist – und jeder, der schon einmal geliebt hat, sei es einen Menschen oder ein Haustier, was auch immer, weiß das –, wie steht es dann mit der Selbstliebe? Lieben wir uns selber, wie gehen wir mit uns selber um? Liebevoll, also so, wie wir ein Wesen, das wir lieben, behandeln? Oder sind wir nicht oft unser schärfster Kritiker, gibt es da nicht eine innere Stimme, die auf uns eindrischt, uns abwertet, verspottet? Sehen wir uns selber mit den Augen der Liebe? Als ein wunderbares Wesen, das alleine durch sein 'Dasein', seine Existenz liebenswert ist?"

Doch wozu Selbstliebe, wenn andere einen liebten? Reichte das nicht? Und war diese kritische Stimme nicht auch hilfreich, trieb sie einen nicht an, besser zu werden? Stellas Gedanken rotierten. Sie musste an ihren Hund Pumpkin denken. Wie sehr hatte sie ihn geliebt, egal, ob er ihren Lederschuh als Kauknochen missbrauchte oder zum x-ten Mal die faulen Äpfel im Garten fraß und dann Durchfall bekam. Oder ihre Oma. Sie war vergesslich und hatte ihre Ticks, doch das war so unwichtig. Wichtig war, dass Stella sich immer geborgen und geliebt bei ihr fühlte. Bei den Gedanken an die beiden wurde Stella ganz sanft, weich, Liebe schien sie zu durchströmen, wie ein Lächeln. Ihr Herz schien ganz offen zu sein, damit all die Liebe aus ihr zu den beiden herausfließen konnte. Hatte sie jemals so an sich gedacht – oder sollte sie besser sagen: gefühlt? Nachdenklich starrte Stella auf ihre Bettdecke. Nein, meistens war da diese Stimme, die sie niedermachte, und selbst wenn sie „gut" war, so maß sie sich an ihrer Leistung. Das hatte wenig mit Liebe zu tun. Wie konnte sie liebevoll zu sich selber sein? Stella stand auf und machte sich erst einmal einen Tee. Das tat gut. Ja, dachte Stella, das war jetzt liebevoll. Eine kleine Geste, die mir das Gefühl gibt, wichtig für mich zu sein. Sie wollte versuchen, mehr solcher Gesten zu finden. Was könnte mir noch gut tun? Auf jeden Fall erst einmal den zweiten Button anzuklicken.

„Danke, dass du dir und mir die Zeit gegeben hast, bis hierher zu kommen. Wenn dich meine Zeilen inspiriert haben, würde ich mich über ein Feedback freuen. Liebe Grüße, Sabine.

Sabine Hannemann-Luckwerth, Bühler Str. 28, 70357 Stuttgart, sabine.hannemann@gmx.com"

Etwas enttäuscht schaute Stella auf. Sie hatte gehofft, dass sie noch mehr Erklärungen finden würde. Auf der anderen Seite hatte Sabine ja zum Feedback aufgefordert. Stella öffnete ihren E-Mail-Account und tippte los.

„Hi Sabine, hab deinen Text über Selbstliebe gelesen. Danke für deine Erklärungen. Ich war wirklich nicht sehr liebevoll zu mir. Kannst du mir da noch weiterhelfen? Das mit den Glaubenssätzen, wie sie entstehen, habe ich verstanden. Aber was kann ich mit den Glaubenssätzen machen? Du hast einiges bei mir angestoßen und ich weiß nicht so genau, wie ich Antworten auf meine Fragen finde. Würde gerne mit dir reden. Liebe Grüße, Stella - Stella Pleiderer, 0162-86527712".

Noch einmal las Stella die Mail, drückte dann auf den Send-Button. Hoffentlich antwortete Sabine bald. Was würde ihr jetzt noch guttun? Sie griff nach ihrem Handy und verabredete sich mit Mara.

4.

Sabines Antwort kam als E-Mail am nächsten Abend. „Hallo Stella, freut mich, dass du meine Seiten gefunden hast – oder sie dich. Mir hat eine Übung zu den Glaubenssätzen geholfen. Vielleicht magst du sie auch probieren. Vorweg noch etwas zu den Glaubenssätzen. Ich hatte ja schon geschrieben, dass die meisten Glaubenssätze von uns sehr früh gebildet werden, wir lassen uns von diesen Glaubenssätzen leiten und verhalten uns entsprechend, auch wenn wir es jetzt anders sehen könnten, weil wir mehr wissen, mehr verstehen und nicht mehr alles auf uns beziehen. Das wäre eine reifere, erwachsenere Haltung, die jetzt hilfreicher wäre. Denn die Glaubenssätze unserer Kindheit sind ganz schön begrenzend.

Und jetzt zur Übung. Wenn du ein Gefühl in dir spürst, z.B. Traurigkeit, Minderwertigkeit oder Wut, spür in dich hinein. Wo kannst du es fühlen? Im Bauch, in der Herzgegend, im Hals? Als Nächstes frage dich, wie alt das Gefühl ist. Klingt jetzt komisch, aber meistens kommt einem ein Jahr spontan in den Sinn. Drei, fünf, acht Jahre? Was war damals? Etwas hat dieses Gefühl ausgelöst. Wenn du dich nicht genau daran erinnern kannst, setz' dich nicht unter Druck, dein Unterbewusstsein weiß es. Spür hinein in das Gefühl und in die Erinnerung. Und jetzt schüttel' sie ab. Sei wieder in der Jetztzeit. Frag dich: Was ist das Gute daran, erwachsen zu sein? Du hast z.B. ein größeres Verständnis von vielem, kannst dich besser ausdrücken, hast mehr Möglichkeiten. Vielleicht fällt dir noch mehr ein. Gut! Jetzt spür bitte noch einmal das Gefühl, die Situation von damals. Versuch dabei einerseits in deinem Jetzt-Ich als Erwachsener zu bleiben, mit deinem Wissen und deinen Möglichkeiten, die du dir eben klar gemacht hast, und anderseits bist du wieder das kleine Mädchen, mit seinen Gefühlen und Glaubenssätzen. Du bist also quasi zweigeteilt. Ein Teil ist das kleine Mädchen, aber ein anderer Teil von dir ist außenstehend wie ein Beobachter, bleibt der Erwachsene. Und der schaut wahrscheinlich mitfühlend auf das kleine Kind in dir. Denn wen rührt nicht ein leidendes, kleines Kind? Der Erwachsene in dir fragt jetzt das Kind, wie es sich fühlt, frag mehrmals nach – und was fühlst du noch? –, damit auch die verdeckten Gefühle gefunden werden. Nenn die Gefühle – ich sehe, dass du traurig bist oder wütend, dich alleine fühlst, dich schutzlos fühlst –, was immer es sein mag. Als Nächstes fragt der Erwachsene, was das Kind braucht, um sich besser zu fühlen. Frag auch hier mehrmals nach. Vielleicht mag es in den Arm genommen werden, vielleicht braucht es jemanden, der ihm zuhört oder ihm versichert, dass es nicht schlecht ist, nur weil es manche Dinge einfach noch nicht kann. Der mitfühlende Erwachsene in dir kann jetzt dem Kind das geben, was es braucht. Liebe, Verständnis, Erklärungen, Hilfe. Und selbst wenn der Erwachsene nicht für alles eine Lösung hat, kann er doch Beistand bieten: Wir finden es gemeinsam heraus, ich bin bei dir und werde dir helfen.

Die Übung kannst du immer dann machen, wenn Gefühle in dir hochkommen, die du nicht klar zuordnen kannst: Warum macht mich das jetzt so wütend, wieso bin ich auf einmal traurig? Sie ist auch ein guter Grundstein für weitere Schritte zur Selbstliebe, nach denen du ja auch gefragt hast. Probier sie aus und lass es mich wissen, wie du mit ihr klarkommst. Und sei nicht zu hart mit dir, wenn es am Anfang nicht so gut klappt. Wir reden hier doch über Selbstliebe, oder? Liebe Grüße, Sabine."

Stellas Neugierde war geweckt. Das klang ziemlich kompliziert, aber auch – interessant. Ein Versuch war es wert. Also zuerst das Gefühl. Das war einfach, manche waren ziemlich vertraut. Das Gefühl, nicht gut genug zu sein. Es war sofort da. Ein Zusammenkrampfen im Bauch. Stella fühlte sich ganz klein. Wie alt bist du?, fragte sie. Drei, fühlte sich richtig an. Komisch, dachte Stella, dass man so etwas fühlen kann. Eine mahnende Stimme fuhr sie an. Mach die Übung und lenk dich nicht ab! Stella war aufgeregt und streckte der Stimme innerlich die Zunge raus. Fast musste sie lachen, doch die Stimme hatte ja recht. Zurück zu dem Gefühl. Drei Jahre, was war damals? Stella sah sich ganz verschwommen, voller Freude und Stolz zu ihrem Bruder rennen. Ihr Pferdeschwanz wippte, die kleinen Füße konnten gar nicht so schnell rennen, wie sie wollte. In der Hand hielt sie ein selbst gemaltes Bild. „Tom, Tom schau. Ich hab Baum gemalt!" Doch Tom schaute nur verächtlich auf das Bild. „Der hat ja noch nicht mal Äste, das soll ein Baum sein? Du bist echt zu blöd. Hau ab!" Wumm, das saß. Ja, der Baum hatte keine Äste.

Stella war erstaunt. Sie konnte sich gar nicht daran erinnern. Aber das passte. Tom war früher selten nett zu ihr gewesen. Jetzt also die Erwachsene. Heute weiß ich, dass ein dreijähriges Kind noch nicht gut Bäume malen kann. Wahrscheinlich war das Bild sogar recht gut, doch für einen Sechsjährigen war es schlecht. Tom konnte natürlich einen Baum besser malen, aber nicht, als er selber erst drei war. Doch so weit konnte er noch nicht denken.

Ok. Jetzt versuche ich die Kombination, dachte Stella. Zuerst das Gefühl, wow, diese Enttäuschung, das tat ganz schön weh, diese Euphorie und dann so ein Niederschmettern. Stella schien in das Gefühl abzurutschen. Erwachsener!, schrillte es wie eine Alarmglocke. Das Gefühl halten und von außen beobachten. Mitgefühl durchströmte Stella. Ja, sie fühlte mit, versank aber nicht in dem Gefühl. Stella war fasziniert. Konzentrier dich! Was fühlst du, Kleines? Traurigkeit, tauchte auf. Ich sehe, dass du traurig bist. Was fühlst Du noch? Hilflosigkeit. Und noch? Verzweiflung. Stella schluckte. Was brauchst du? In den Arm genommen werden. Und noch? Bestätigung. Noch etwas? Hilfe. Stella zog in Gedanken die Kleine auf ihren Schoß, tröstete und wiegte sie. Dann erklärte sie ihr, dass sie ein schönes Bild gemalt hatte – für eine Dreijährige –, dass sie es nicht hätte besser machen können. Die Kleine schaute fragend zu ihr auf: Stimmt das? Stella nickte. Wenn du möchtest, setzen wir uns zusammen ans Fenster zum Garten und dann helfe ich dir beim Malen der Buche. Ein Strahlen glitt über das Gesicht der Kleinen. Stella atmete tief durch. Sie fühlte sich viel besser.

Die Übung war toll. Voller Neugierde beobachtete sich Stella, auf das nächste Gefühl wartend. Doch diesmal konnte sie zwar das Alter (vier), aber keine konkrete Geschichte dazu finden. Sie versuchte es trotzdem. Da war die Traurigkeit des Nicht-gesehen-Werdens. Das Gefühl des Alleinseins. Stella wurde von Gedanken abgelenkt. Hey, zurück! Was fühlst du? Ich fühle mich wertlos. Ich fühle mich unsicher, verstehe nicht, was ich falsch mache. Was brauchst du? Jemanden, der mir zuhört. Der mich sieht, an mich glaubt, mir erklärt, was ich falsch mache. Das Gefühl, dass ich gut bin, so wie ich bin. Ach Kleines, natürlich bist du liebenswert und ein ganz tolles Kind. Schau, Mama ist so mit Tom beschäftigt, du weißt, dass er nicht einfach ist und sie oft Feuerwehr spielen und ihm bei den Hausgaben helfen muss, d.h. aber nicht, dass du nicht liebenswert bist und sie dich nicht lieb hat. Wenn Mama sich fünfteilen könnte, würde ein Teil dich den ganzen Tag knuddeln, mit dir spielen und Spaß haben.

Stella dachte nach. Hm, ja, sie hatte immer noch das Gefühl, dass ihr Bruder an erster Stelle bei ihrer Mutter stand. Aber jetzt sah sie es mit mehr Verständnis. Sie hatte sich früh distanziert gegenüber ihren Eltern verhalten. Wenn sie etwas beschäftigte, machte sie es mit sich selber oder einer Freundin aus. Ihre Mutter hatte ein paarmal vorsichtig das Gespräch gesucht, doch der Teenager Stella hatte abgeblockt, gedacht: Jetzt braucht sie auch nicht mehr zu kommen! Vielleicht sollte sie doch einmal zu Hause anrufen. Mama würde sich sicher freuen.

Die Übung gefiel Stella, doch war sie nicht die Lösung für ihr eigentliches Problem. Wieso war Selbstliebe der Schlüssel, um die Nebelwand zu durchbrechen? Wie könnte sie mehr Selbstliebe finden? Was genau war Selbstliebe? Nachdem Stella die Erfahrungen mit der Übung in ihrer nächsten Mail beschrieben hatte, stellte sie Sabine diese Fragen.

Ihre Antwort kam nach drei Tagen. „Hallo Stella, danke für dein Feedback. Super, dass du mit der Übung schon so gut klar gekommen bist. Wenn du magst, mach sie ruhig öfter, auch mit dem gleichen Thema. Du hast ja mitgekriegt, dass Bestätigung, Wiederholung festigt. Auf deine anderen Fragen komme ich gerne zurück. Dafür muss ich aber ausholen. Bei der Übung mit deinem inneren Kind hast du erlebt, wie es ist, wenn man nicht in ein Gefühl eintaucht, sondern es beobachtet. Ein Beispiel dafür ist Mitfühlen statt Mitleiden. Du fühlst zwar mit, lässt dich aber nicht von dem Gefühl dominieren, vereinnahmen. Als Beobachter hast du viel mehr Möglichkeiten zu agieren und kannst eine viel weitere Sichtweise haben. Mitgefühl ist Wohlwollen und Großzügigkeit voller guter Wünsche, es steht außerhalb des Leidens."

Stella hielt inne. Das würde ja heißen, dass man, wenn man von seinen Emotionen geleitet wird, weniger Möglichkeiten hat oder sieht. Sind denn Emotionen schlecht? Nachdenklich las sie weiter.

„Der nächste Schritt, zu dem ich dich anregen möchte, ist, mehr zum Beobachter zu werden. Warum? Wenn du dich selber und dein Umfeld beobachtest, bist du ganz im Augenblick und in einer Position, aus der heraus du am besten wählen kannst. Ich glaube, beides sollte ich etwas erklären. Wenn du beobachtest – die Wissenschaftler sprechen von Achtsamkeit – bist du im Hier und Jetzt. Du nimmst wahr, kein Gedanke lenkt dich ab. Gedanken entführen uns nämlich oft in die Zukunft oder die Vergangenheit. Die Vergangenheit ist passiert, du kannst sie nicht mehr ändern. Natürlich heißt das nicht, dass du nicht aus ihr lernen kannst oder solltest. Wenn sich deine Gedanken aber womöglich immer wieder um die gleiche vergangene

Geschichte drehen oder um 'hätte ich doch, was wäre gewesen, wenn ...', wie viele Augenblicke, wie viel Leben verpasst du dann im Jetzt? Oder wenn du an die Zukunft denkst? Die meisten Menschen denken sich alle möglichen Szenarien aus, was passieren könnte. Vorrangig negative, du hast vielleicht schon einmal den Begriff Worst-Case-Scenario gehört. Doch wir wissen nicht, was passieren wird. Der einzige Moment, den wir leben, ist dieser. Jetzt dieser. Wir können mit diesem Moment machen, was wir wollen. Wenn wir also mehr Leben erleben möchten, ist es hilfreich, mehr in diesem Moment zu sein. Achtsamkeit hilft uns dabei. Sie macht uns offener für das, was in unserer Welt und in uns selber passiert. Ich werde aufmerksamer, schaue hin. Die Worte Beobachtung und Achtsamkeit sind aus der Wortfamilie 'achten'. Ich achte also, was passiert. Das ist eine Zuwendung, ein Anerkennen. Alles möchte gesehen, geachtet werden. Du tauchst so tiefer in deine Welt ein, auch in dich selber. Indem du achtsam auf das schaust, was dein Körper, deine Gefühle und Gedanken dir in diesem Moment sagen, kannst du dich besser erkennen, verstehen und dein Handeln darauf ausrichten. Und in dem du auf deine Umwelt achtest, wirst du sensibler für angemessenes Verhalten. Nein, keine Angst, es geht hier nicht um einen versteckten Benimmkurs. Angemessen, damit meine ich, was sich für dich stimmig anfühlt. Und das kann durchaus auch einmal ein wütendes Aufstampfen sein. Warum ich dir Achtsamkeit empfehle? Weil Selbstachtung ein Schritt zur Selbstliebe ist. Lass mich wissen, wie es dir damit ergeht. Ich danke dir für dein Vertrauen. Liebe Grüße, Sabine."

Achtsamkeit, das hörte sich doch etwas abgehoben an, obwohl, es ging ja gerade darum, präsent zu sein. Give it a try!, dachte Stella, während sie noch auf den Laptop starrte. Die Mails von Sabine fand sie spannend, sie hatte das Gefühl, eine Reise begonnen zu haben. Sabine, von ihr wusste sie nichts, außer ihrem Namen und dass sie sich die Zeit nahm, einer Fremden lange E-Mails zu schreiben. Und dass sie einiges wusste oder verstand, was Stella noch unbekannt war. Sie musste sie einmal googlen. Doch bevor sie Sabines Namen eingeben konnte, klingelte ihr Handy. Mara überrollte sie: „Hey, Zeit hinter deinem Laptop hervorzukriechen, wirst ja richtig zum Nerd. Stephan macht 'ne Spontifete. Komm vorher zu mir. I pimp you up! Also bis gleich." Stella musste innerlich grinsen. Mara hatte ja recht, und vielleicht war es auch eine gute Gelegenheit, Achtsamkeit auszuprobieren.

Die Luft war klar und frisch. Als Stella auf ihrem Rad durch die Straßen fuhr, hatte sie das Gefühl, dass ihr ganzer Körper durchgepustet wurde. Die Bäume hatten das letzte Laub verloren, das jetzt vom Regen der vergangenen Tage durchfeuchtet wie Pappmacheecollagen die Rinnsteine und Gehwege bedeckte. In der Abenddämmerung glitzerten die ersten Lichter. Die Menschen wuselten durcheinander, scheinbar zielstrebig, um noch die letzten Einkäufe zu machen oder nach Hause zu kommen. Es war nicht weit bis zu Mara, die Wohnungstür stand offen. „Komm in die Küche!", rief sie Stella zu. Mara wohnte mit einer Kommilitonin zusammen, die frisch verliebt fast nur noch bei ihrem Freund rumhing. Auf dem Herd standen zwei Töpfe. Mara würde sich nicht einmal selber als gute Köchin bezeichnen, aber ihre Tomatensauce war spitze. Mit dem Kopf wies Mara zum Herd: „Grundlage". Stella ließ sich auf einen der wackligen Stühle fallen. Mara tat gut, sie hatte so eine beneidenswerte Leichtigkeit an sich. Auch in ihren Bewegungen, dachte Stella, als Mara die Spaghetti abgoss, auf die beiden Teller verteilte und die Sauce darüber schöpfte. Mit einer spielerisch triumphierenden Bewegung stellte Mara die Teller auf den Tisch. „Lecker!", meinte Stella nach der ersten Gabel. „Hm, ja, hab ich gut gemacht", fand auch Mara, die Spaghetti auf ihre Gabel drehend. Den leeren Teller von sich schiebend, schaute Stella Mara in die Augen. „Wie schaffst du es nur, immer gut drauf zu sein – oder fast immer?" Mara dachte nach. „Weißt du, ich glaube, das ist eine Mischung aus Veranlagung und – ja, Einstellung, Haltung. Ich denk mir halt, dass ich mir den Tag gut oder schlecht machen kann. Und dann nehme ich doch lieber 'gut'. So wie das Glas halb voll oder halb leer sehen. Mir, uns geht es doch eigentlich super. Ich meine, wir leben hier in einem freien und relativ sicheren Land, in Frieden, wir können studieren, auch als Frauen, haben ein soziales Netz, Krankenversicherung, viel Natur usw. Also ich find', das Glas ist mehr als halb voll. Klar, ist nicht alles perfekt, aber das können wir ja ändern. Als ich im Sommer den Asylanten geholfen hab, das war so ein tolles Gefühl. Ich fühlte mich so nützlich und ich wusste einfach, ich kann was bewirken. Weißt du, ich lieb es einfach zu leben. Vielleicht ist das die richtige Antwort." Wieder Liebe, dachte Stella. Irgendwie scheint das tatsächlich das Schlüsselwort zu sein. Sich selber zu lieben, das Leben zu lieben, was kam wohl noch? „Aber jetzt ab ins Bad, aufbrezeln!" Giggelnd und Grimassen ziehend machten sich die beiden über Make-up und Kleiderschrank her.

Als sie bei Stephan eintrafen, war die Fete schon voll im Gang. Er wohnte in einer Vierer-WG und mit Rücksicht auf die Nachbarn hatten sie beschlossen, schon früher anzufangen. Mara und Stella drückten sich an ein paar Typen vorbei, die mit Bierflaschen bewaffnet im Flur standen. Laute Musik drang aus einem der Zimmer. Stefan hatte das ganze Fensterbrett seines Zimmers mit brennenden Teelichtern und Kerzen vollgestellt, Matratzen lagen auf dem Boden, darauf viele Kissen. Das sah schön aus, fand Stella. Geborgen, warm, weich. – Hätte sie ihm gar nicht zugetraut. Sie zeigte ihm den erhobenen Daumen, Stephan grinste zurück. Stella war zwar schon mal bei ihm gewesen, hatte aber nicht auf sein Zimmer geachtet. Und Stephan selber, was wusste sie von ihm? Neugierig schaute sie sich um. Freunde von ihr winkten sie zu sich, Umarmung, chatten, lachen. Ja, dachte Stella, das Leben ist schön – jetzt.

Müde und happy fiel sie ins Bett. Im Traum sah sie eine Bergwiese, grün und voller Blumen. So eine richtige Kitschkartenlandschaft, dachte Stella am Morgen. Irgendwoher kam Musik, leicht, eher klassisch. Eine zarte Frau in einem weißen, langen Kleid mit durchsichtigen Flügeln tanzte auf der Wiese, schwebte fast. Eine Fee oder Elfe, die den Tanz und das Leben genoss, freudig darin versunken schien. Was das wohl zu bedeuten hatte, fragte sich Stella.

5.

In den nächsten Tagen versuchte sich Stella weiter in Achtsamkeit. Sie bemerkte Kleinigkeiten, nahm Dinge wahr, an denen sie früher achtlos vorbeigegangen war. Als ob sich eine zusätzliche glitzernde Schicht voller Überraschungen über ihr Leben gelegt hatte und sie einhüllte, sie in ihr Leben zog. Am neugierigsten wurde Stella auf ihre eigenen Reaktionen. Manchmal war da kindliche Freude und Staunen, manchmal auch ein innerer Widerwille. In manche Situationen konnte sie voll eintauchen, sich treiben lassen, bei anderen fühlte sie sich unwohl und versuchte, sich ihnen zu entziehen. Nicht immer konnte sie erkennen warum. Einen Kommilitonen mied sie, obwohl er nichts Negatives getan hatte, aber sie fühlte sich in seiner Anwesenheit nicht gut. Es gab Augenblicke, da zog sich etwas in ihr zusammen, dann wieder welche, wo sie sich offen fühlte. Überhaupt war dieses Bauchgefühl wie ein Indikator, ein Messgerät. Was tat ihr gut, was fühlte sich für sie stimmig an, was nicht? Ihre Gefühle zu beobachten fand Stella spannend. Sie konnten blitzschnell wechseln, wenn etwas passierte, das sie wahrnahm. Wie intensiv auf einmal das Leben wurde.

Achtsamkeit, dachte Stella und tippte das Wort bei Google ein. Wikipedia unterschied zwischen Achtsamkeit und Konzentration. Konzentration besteht darin, sich aufmerksam auf ein bestimmtes Objekt oder einen Objektbereich wie etwa eine Schriftzeile einzustellen, darauf seinen Blick zu fokussieren und seine ganze Aufmerksamkeit für diesen begrenzten Bereich seiner Wahrnehmung aufzuwenden. Achtsamkeit hat eine dazu entgegengesetzte Ausrichtung. Hier wird der Fokus der Aufmerksamkeit nicht gezielt eingeengt, sondern vielmehr weit gestellt. Im Maximalfall ist dann eine weitwinkelartige Aufmerksamkeitseinstellung erreichbar, die in einer umfassenden, klaren und hellwachen Offenheit für die gesamte Fülle der Wahrnehmung besteht. Kabat-Zinn hat in seinem Buch "Im Alltag Ruhe finden" folgende Beschreibung von Achtsamkeit gegeben: „...so intensiv und befriedigend es auch sein mag, sich in der Konzentration zu üben, bleibt das Ergebnis doch unvollständig, wenn sie nicht durch die Übung der Achtsamkeit ergänzt und vertieft wird. Für sich allein ähnelt sie (die Konzentration) einem Sich-Zurückziehen aus der Welt. Ihre charakteristische Energie ist eher verschlossen als offen, eher versunken als zugänglich, eher tranceartig als hellwach. Was diesem Zustand fehlt, ist die Energie der Neugier, des Wissensdrangs, der Offenheit, der Aufgeschlossenheit, des Engagements für das gesamte Spektrum menschlicher Erfahrung. Dies ist die Domäne der Achtsamkeitspraxis..."

Stella nickte innerlich, doch da war auch etwas Abwehrendes in ihr. Sie wollte ihre Gefühle nicht „verwissenschaftlichen". Auf der anderen Seite wollte ihr Verstand verstehen. Stella musste wieder an Sabine denken. Wer war diese Frau? Die Internetrecherche brachte keinerlei Hinweise. Wieso erstellt jemand so eine Seite und nimmt sich dann so viel Zeit für mich – und vielleicht für andere? Stella öffnete ihren Mail-Account und begann eine lange Mail an Sabine.

„Liebe Stella", schrieb Sabine zurück. "Danke, dass du mich an deinen Erfahrungen teilhaben lässt. Ein spannender Prozess, oder? Ich verstehe deinen Zwiespalt 'Wissenschaft und Gefühle', wurden die Gefühle doch bis jetzt eher als das Gegenteil von Ratio und Wissenschaft angesehen. Bis jetzt, denn die Wissenschaft öffnet sich langsam nicht nur interdisziplinär, sondern auch dem nicht rationalen Wissen. Zunächst versuchten die Wissenschaftler eine gemeinsame Sprache zu finden, weil jeder Bereich eigene Begriffe hatte. Worauf sich die Wissenschaftler verständigen konnten: Alles(!) ist Information 'in Form' einer energetischen Schwingung. Schauen wir uns, basierend auf dieser Definition, doch einmal Gefühle an: Emotionen – E-motionen. E für energetisch und motion für Bewegung. Die Wissenschaftler haben herausgefunden, dass verschiedene Emotionen verschiedene Schwingungen haben, die wir ausstrahlen. Je feiner die Messgeräte werden, umso weiter entfernt von unserem Körper sind diese Schwingungen noch messbar. Einige Wissenschaftler gehen heute davon aus, dass die Schwingungen das ganze Universum durchströmen. Und noch etwas konnten sie nachweisen: Die energetische Stärke eines Gefühls ist sehr viel größer als die eines Gedankens, bis zu 100-mal. Und das magnetische Feld des Herzens ist sogar bis zu 5.000-mal stärker als das des Gehirns. Eine ganz schöne Aufwertung für Gefühle. Liebe hat übrigens eine sehr hohe Schwingung, die von uns vermeintlich als negativ bezeichneten Gefühle wie Wut, Traurigkeit oder Scham die niedrigsten. Bei den 'schönen' Gefühlen fühlen wir uns gut, leicht, vital, 'beschwingt'. Kein Wunder, dass wir Liebe haben möchten, als so hohe Schwingung.

Und jetzt wird es erst richtig spannend: Wir strahlen also unsere Gefühle und Gedanken aus. Diese Schwingungen ziehen nun wie ein Magnet gleiche Schwingungen aus dem Universum an – und somit in unser Leben. Das nennt man das Gesetz der Anziehung. Wenn du also Traurigkeit ausstrahlst, wirst du Traurigkeit in dein Leben ziehen. Wenn du Liebe ausstrahlst, wirst du Liebe in dein Leben ziehen. Tja, und wenn du Sehnsucht nach Liebe ausstrahlst, wirst du Sehnsucht anziehen und nicht die Erfüllung. D.h., wenn du etwas in deinem Leben haben möchtest, musst du dich gedanklich und vor allem gefühlsmäßig – da ja energetisch viel stärker – in den Zustand des Erfülltseins, des bereits so Seienden hineinversetzen, quasi die Zukunft vorwegnehmen. Wenn du also dich selber nicht liebst, was strahlst du aus? Ich bin nicht liebenswert. Wenn ich denke, das Leben ist ein einziger Kampf, dann werde ich auch Situationen in mein Leben ziehen, die dies vermeintlich bestätigen. Die Amerikaner haben deswegen einen Spruch kreiert: 'Fake it 'til you make it!' Tu so als ob.

Doch das Ganze hat noch einen weiteren Haken. Selbst wenn uns dies ganz gut gelingt, heißt das noch lange nicht, dass es klappt. Du hast sicher schon vom Bewusstsein und vom Unterbewusstsein gehört. Das Unterbewusstsein kannst du dir als riesigen Datenspeicher vorstellen, es zeichnet quasi alles auf. Nur ein Bruchteil ist davon in unserem Bewusstsein, das aktiv aussortiert (vergessen, als Unsinn ansehen, …). Die meisten unserer Glaubenssätze lagern im Unterbewusstsein. Wenn wir also einen Wunsch ausstrahlen und der sich nicht erfüllt, trotz all unser 'Bemühungen', kann das daran liegen, dass die zu dem Wunsch im Unterbewusstsein gelagerten Glaubenssätze diesen torpedieren. Ein ganz verbreitetes Beispiel ist unsere Einstellung zu Geld und materiellem Reichtum. Ganz ehrlich, was haben wir mitbekommen: Geld macht geizig, wer viel Geld verdient, geht über Leichen; es ist Sünde, so viel Geld für etwas auszugeben; man muss hart arbeiten, um Geld zu verdienen; Geld verdirbt den Charakter. Wie soll da dauerhaft Geld in unser Leben kommen, sich bei uns wohlfühlen?

Wenn es also um Selbstliebe geht – und das ist ja unser ursprüngliches Thema – und wir sind nicht in der Selbstliebe, dann können wir durch die 'Arbeit' mit unserem inneren Kind blockierende Glaubenssätze transformieren, also verwandeln und durch 'So tun als ob' die Schwingung in uns erzeugen. Achtsamkeit hilft uns dabei. Sie macht dich auf deine Gefühle und Gedanken aufmerksam. Indem du deinen Gefühlen und Gedanken nachgehst, kommst du den Glaubenssätzen auf die Spur. Sie hilft uns auch, wenn wir wegdriften von unseren 'Wunscherfüllt'-Gefühlen, wieder in alte Muster verfallen. Unser Wunsch und Ziel ist es ja, in die Selbstliebe zu kommen, uns also voller Liebe zu sehen. Vielleicht magst du dazu eine Übung versuchen (ah, da ist sie wieder, eine Hausaufgabe). Du hast bei der Übung mit dem inneren Kind ja bereits quasi neben einem Teil von dir sein können. Zugegeben, es ist leichter ein kleines, leidendes Kind liebevoll anzuschauen als einen Erwachsenen. Aber probier es doch einmal. Stell dich gedanklich neben dich und schau dich liebevoll an (du kannst zunächst an etwas oder jemanden denken, das oder den du liebst, um in das Gefühl zu kommen). Schau dich so an, als ob du eine zweite Person bist, mit der Wertschätzung, die du dir von anderen wünschst. Jetzt verbinde dich wieder mit dir und nimm so die Wertschätzung in dir auf. So kannst du das ausdrücken, was du anziehen möchtest. Behandle dich so als zweite Person, wie du von anderen behandelt werden möchtest.

Mir schießt so vieles durch den Kopf und ich befürchte, dass ich dich ganz schön überrolle mit all den Informationen. Sag Bescheid, wenn ich einen Gang runterschalten soll. Und natürlich freue ich mich darauf, von dir zu hören. Wie immer herzlich, Sabine.

P.S.: Du hast mich gefragt, wer ich bin. Eine berechtigte Frage. Für dich bin ich jemand, der es (vielleicht spürst du es ja und deine vertrauensvollen Mails hinterlassen diesen Eindruck bei mir) gut mit dir meint. Das Leben hat mir sehr viel Zeit zum Lernen, Verstehen und Aneignen von Wissen geschenkt, wofür ich sehr dankbar bin. Dieses Wissen möchte ich gerne weitergeben und teilen. Nein, ich habe keine Ausbildung oder gar ein Studium in diesem Bereich. Ich hatte Fragen wie du und habe mir Wissen aus allen Ecken geholt. Das, was mir stimmig erschien, habe ich versucht zu verinnerlichen. Vieles sprach mich auch nicht an. So habe ich mein eigenes 'Studium' begonnen und beschlossen, es nie zu beenden. Ich bitte dich, dass auch du nur das von mir annimmst, was sich für dich stimmig anfühlt, wobei ich bei dir eh wenig Bedenken habe."

Ansatzweise hatte Stella schon einiges von Sabines Aussagen gehört. Doch so in einen Kontext gebracht, war es auf einmal nicht mehr abstrakt. Wie bei einem Puzzle schienen die ersten Teile an ihren Platz zu fallen. Die Aussage „Wenn du dich selber nicht liebst, strahlst du aus, nicht liebenswert zu sein" stimmte sie sehr nachdenklich. Tief in ihrem Inneren protestierte etwas, nicht gegen die Aussage, aber dagegen, nicht liebenswert zu sein. Diesen Protest kannte sie, schon als Kind hatte sie ihn gespürt. Was war das für eine Stimme?

Wenn Liebe bedingungslos ist, dachte Stella, und das stimmte für sie, dann muss meine Selbstliebe auch bedingungslos sein. Also nicht: Ich liebe mich, weil ich intelligent bin, einen guten Charakter habe, zuverlässig bin, sondern: Ich liebe mich! Stella ging in ihr kleines Bad und schaute sich im Spiegel an. Ich liebe dich! ihrem Spiegelbild zu sagen fühlte sich komisch an. Sie blieb vor dem Spiegel stehen und schaute sich in die Augen. Neugierig musterten sich die Augenpaare. Stella musste loslachen. Doch sie versuchte es noch einmal. Diesmal hatte sie das Gefühl, in die Augen zu versinken, einzutauchen in das Wesen aus dem Spiegel. Eine Welle der

Zuneigung erfüllte sie. Vielleicht sollte sie doch Sabines Übungsvorschlag probieren.

6.

Die echte Adventszeit begann, nicht die Supermarkt-Lebkuchen- und Weihnachtsmänner-Verkaufszeit. Stellas Mutter hatte eine große Dose selbst gebackener Kekse geschickt, deren Inhalt auch dank Maras Hilfe deutlich schrumpfte. Bei einem Becher Glühwein saßen sie auf Stellas Bett und schauten YouTube-Videos, Dose und Laptop zwischen sich. Sie hatten beide die ersten schriftlichen Prüfungen des Semesters hinter sich und genossen einen relaxten Abend. Etwas nagte in Stella. „Du, ich muss dir was beichten." Mara zog die Augenbrauen zusammen. „Damals, als ich dich nach einem Computerfreak gefragt hab, hatte ich keinen Virus. Es ging um was anderes." Und dann begann Stella zu erzählen. Ihr schlechtes Gewissen hatte sie die ganze Zeit verfolgt und vielleicht half auch der Glühwein etwas nach. „Na, dann hat mich mein Gefühl doch nicht getäuscht. Ich war schon irritiert, denn eigentlich kann ich mich ganz gut auf mein Bauchgefühl verlassen." Mara schaute Stella fest in die Augen. „Gut, dass du es mir gesagt hast." „Nicht böse?" „Na ja, sagen wir für fünf Minuten, nee, ist mir zu lang, drei." „Deal!" Mara zückte ihr Handy und startete die Stoppuhr.

„Jetzt aber Tiefgang. Wozu das Password? Ich will nicht, dass du oder auch ich in etwas verwickelt werden, das gefährlich werden könnte." Das war eindeutig. Stella öffnete ihren Laptop, klickte die Seite an und schob den Laptop Mara zu. Als Mara schließlich fragend aufblickte, rückte Stella mit der ganzen Geschichte heraus, dass sie nicht wusste, ob sie ihr Studium beenden sollte, was sie statt dessen machen könnte, und sie erzählte von dieser Unruhe in ihr, dem Gefühl, dass es um mehr ging. Stella griff wieder nach dem Laptop. Der Funke, das Passwort, die zweite Seite. „Wir mailen jetzt. Sie versucht mir, Zusammenhänge zu erklären. Ist echt cool." Doch Mara runzelte die Stirn. „So machen es Sekten auch." „Sabine ist aber keine Sekte oder so was. Ich kann sie ja fragen, ob ich dir Mails von ihr zeigen darf." „Ach, auf einmal so viel Respekt? Du, das ist mir jetzt alles zu schräg. Ich fahr heim!" Mir auch, dachte Stella. Da öffne ich mich und werd' abgewatscht. Missmutig starrte Stella aus dem Fenster. So etwas wollte sie sicher nicht in ihr Leben ziehen. Was sollte das?

„Liebe Stella, bewusst will man natürlich höchst selten etwas Negatives in sein Leben ziehen. In meinen Mails sprach ich von Glaubenssätzen und Denkweisen, die wir größtenteils als Kinder aufge- und übernommen und im Unterbewusstsein abgespeichert haben. Tja, lediglich einen geringen Prozentteil (unter 5) agieren wir bewusst, mehr als 95% steuert das Unbewusste. Das sind nicht nur die Glaubenssätze, die ganzen Körper-funktionen wie Atmung, Verdauung, Blutzirkulation, Zellerneuerung etc. verlaufen im Allgemeinen unbewusst, auch das Gelernte wie Gehen, Auto-fahren, selbst Rechtschreibung. Doch sollten wir nicht unterschätzen, welche Kraft unsere Glaubenssätze, Gedanken und Gefühle haben. Wenn du eine negative Begegnung, ein negatives Erlebnis hast, so hat das eben meistens doch mit diesen zu tun. Das Gute ist, dass wir sie aufspüren und verwandeln können. Wir sind also nicht Opfer! Wir können selber entscheiden, was wir in unser Leben ziehen, also erschaffen. Durch Transformation, dadurch, worauf wir unsere Aufmerksamkeit richten und wie wir den Erlebnissen begegnen. Über die ersten beiden habe ich schon geschrieben. Wenn du dir deiner heutigen Fähigkeiten, Talente und Möglichkeiten bewusst bist, kannst du deinem inneren Kind dessen eingeschränkte Sicht aufzeigen. Und wenn du deine Aufmerksamkeit auf das Positive richtest, deine Sicht also für Möglichkeiten öffnest, für Chancen, dann öffnest du dich für positive Entwicklungen.

Unsere Erziehung hat meistens den Blick auf Fehler, die es zu korrigieren galt, gelegt anstatt auf unsere Potenziale und auf das, was wir schon gut machen. Dabei überwiegt das doch meistens (wie viele Wörter hast du in dem Diktat richtig geschrieben, doch hervorgehoben wurden nur die falsch geschriebenen). Und wir haben ganz viel Potenzial in uns. Ein anderes Beispiel: Neid. Du siehst jemanden, der etwas hat, was du auch gerne hättest (sei es etwas Materielles oder eine tolle Liebesbeziehung oder Charisma oder, oder, oder). Viele Menschen reagieren mit Neid, warum der und ich nicht? Und nehmen die Opferrolle ein. Ich Armer, das Leben ist so unfair! Doch du könntest es auch als Motivation sehen, ja, das möchte ich auch erreichen, schaffen und interessiert hinschauen, was du von dem anderen lernen könntest, oder einfach nur das Bild aufnehmen und als Zielvision verinnerlichen. Das hat gleich eine ganz andere, viel positivere Energie, merkst du das? Es ist für mich auch ein Akt der Selbstliebe, mich dafür zu entscheiden, meinen Blick auf das zu richten, was mir gut tut bzw. eine Sichtweise zu wählen, die mich inspiriert, motiviert. Du siehst, es läuft alles auf Selbstliebe hinaus.

Vielleicht sollte ich noch einmal auf den Begriff Selbstliebe eingehen. Was ist eigentlich das Selbst? Wer oder was sind wir? Um dem auf die Spur zu kommen, ist es hilfreich, erst einmal das abzustreifen, was wir nicht sind. Wir sind nicht unser Verhalten oder unser Denken, denn das haben wir angenommen – von unseren Eltern, Lehrern, Geschwistern, Freunden. Wir sind noch nicht einmal unsere Gefühle, denn Gefühle sind gespürte Gedanken."

Stella zog die Stirn hoch. Nicht meine Gefühle? Gespürte Gedanken? Gibt es nicht auch eigene Gedanken? Hmm, darüber würde sie noch nachdenken.

„Was bleibt, sind die Wesensanlagen, Talente, Fähigkeiten. Die innere, unzerstörbare Gestalt eines Wesens, eine einzigartige Mischung. Daher auch der Leitspruch der Philosophie: Erkenne dich selbst. Und dieser Wesenskern, dieses Selbst strebt danach, sich auszudrücken. Das ist der Funke in uns, den auch du gespürt hast. Dein Wesen möchte seine Talente, Fähigkeiten, Möglichkeiten leben.

Noch einmal zur Liebe. Jemanden oder etwas zu lieben, heißt das nicht, ihn so anzunehmen, wie er ist, ihn 'sein' zu lassen? Wir urteilen nicht über ihn? Ist es nicht so, dass, wenn die Liebe vergeht, wir anfangen, uns über Eigenschaften zu ärgern, die wir in der Liebe stehen lassen konnten? Als du mit deinem inneren Kind zusammen warst, hast du es nicht verurteilt, sondern bist ihm voller Liebe und Mitgefühl begegnet. Doch wie begegnest du dir, der erwachsenen Stella? So wie du deinen Freunden begegnest? Ich vermute nicht, denn die meisten Menschen sind ihre schärfsten und gnadenlosesten Kritiker. Da gibt es diese innere Stimme, die auf einen einprügelt, uns niedermacht, verhöhnt, antreibt, damit wir vermeintlich unser Leben geregelt kriegen. Warum? Wenn mir etwas misslingt oder ich etwas gar nicht schaffe, fühle ich mich bedroht, ich bekomme Angst, dass mein Leben negativ verläuft. Angst bewirkt, dass wir vom Stammhirn gesteuert werden. Das Stammhirn ist der älteste Teil des menschlichen Gehirns. Es entwickelte sich zu Zeiten, als wilde Tiere die größte Gefahr für unsere Vorfahren darstellten. Kämpfen, Fliehen oder Erstarren waren die Möglichkeiten. Sinnvoll damals, um das Überleben zu sichern. Heute begrenzen uns diese drei Möglichkeiten. So gut es früher war, den einengenden Fokus auf Fluchtmöglichkeiten oder den Angreifer zu richten, so sehr verstellt er uns heute die Sicht auf konstruktivere Lösungen unserer aktuellen Themen, auf das größere Bild. Dieses biologische Überlebensprogramm signalisiert: Kämpfe, fliehe oder erstarre vor dem Angreifer! – Und das machen wir mit uns selber, wir sind zugleich Angreifer und Opfer. Selbstkritik (der Angreifer in uns) gibt uns das Gefühl, wieder Herr der Lage zu werden, wieder auf Kurs zu kommen, nach dem Motto: Wenn du dich mehr anstrengst, hart an dir arbeitest, schaffst du es beim nächsten Mal. So wie wir es in unserer Leistungsgesellschaft gelernt haben. Doch das Ziel wäre dann Perfektionismus gemäß den Idealvorstellungen. Das ist nicht erreichbar und so erhält der innere Kritiker immer wieder neue Angriffsmöglichkeiten. Ein

Teufelskreis. Dieser Hang zur Selbstverurteilung lässt uns selber viel Leid zufügen."

Stella musste an ihren inneren Kritiker denken. Liebevoll war der wirklich nicht zu ihr. Aber Liebe muss doch auch nicht immer alles gut finden. Manchmal kann ein Tritt in den Hintern auch gut sein. Manchmal...

„Wie kann man ihm entkommen? Vielleicht hast du schon einmal ein Streitgespräch mit jemandem gehabt, ähnlich wie mit deinem inneren Kritiker. Vorwürfe, Anschuldigungen, Niedermachungen. Du kannst die Opferrolle annehmen, zuhören, erstarren und dich schlecht fühlen oder du kannst dem Kritiker sagen, dass du seinen Punkt siehst, und ihn um konstruktive Lösungsvorschläge bitten. So fühlt der innere Kritiker sich respektiert und du ziehst in quasi auf deine Seite. Im 'echten' Leben würde so ein Kritiker wahrscheinlich erst einmal verstummen, weil du ihm den Wind aus den Segeln genommen hast, und dann vielleicht mit Angeboten kommen. Ein Schritt zur Selbstliebe ist, dich nicht abkanzeln zu lassen, ein weiterer, dir mit Mitgefühl zu begegnen. Wir können uns selber aufmuntern, motivieren. Das Mitgefühl mit uns selber zeigt Verständnis für unsere Schwächen und Fehler, anstatt diese zu verdammen. Eigentlich sind wir prädestiniert, uns selber Mitgefühl zu geben – wir sind immer da, bei uns. Gerade wenn wir es am nötigsten brauchen. Wir können uns z.B. liebevoll über die Wange streicheln. Das mag jetzt komisch klingen. Interessant, dass wir das vermutlich ganz normal fänden, wenn wir es bei jemand anderem machen würden. Oder du kannst eine Hand auf dein Herz legen, dir liebevolle Gedanken schicken.

Ach, und falls du dich fragst: Uns selber Mitgefühl und Liebe zu geben halte ich nicht für egoistisch. Im Gegenteil. Wenn du dich schon einmal hast abkanzeln lassen, dann hast du dich vermutlich schwach gefühlt, deine Gedanken kreisten um dich in deinem Selbstmitleid. Dein Fokus lag bei dir, für andere hattest du kaum einen Blick, geschweige denn Kraft übrig und du fühltest dich alleine. Wenn du dich aber mit Liebe versorgst, auf dich achtest, darauf, was du brauchst, was dir gut tut, dann weitet sich dein Blick, du kannst gute Lösungen erkennen und in deiner Kraft bleiben. Damit kannst du effektiver arbeiten, anderen aufmerksamer begegnen und in Verbindung mit deiner Welt bleiben. Aus der Position der eigenen Stärke heraus kann man geben, ausstrahlen. Im Flieger heißt es immer, erst die eigene Sauerstoffmaske aufsetzen, dann erst den anderen helfen. Also wenn ich für mich selber gut sorge, kann ich auch eine größere Hilfe für andere sein.

Ich bin mir nicht sicher, ob das alles bei dir ankommt. Deswegen gehe ich immer einmal wieder auf Kernthemen ein, von einem anderen Ansatzpunkt. Bei mir war es so, dass ich vieles zwar theoretisch verstand, aber es lange gedauert hat, bis ich es verinnerlichen konnte. Und noch länger, bis ich einiges leben konnte. Bei vielem bin auch ich noch in der Lernphase. Deswegen zwei Bitten: Gib dir Zeit, dies ist nicht mit einmal lesen getan, es ist ein Prozess des Erkennens, des Verstehens, des Annehmens und des Ausstrahlens. Vertrau dir selber, jeder hat sein eigenes Tempo und seinen eigenen Weg. Und noch einmal, nimm nur das an, was du als stimmig empfindest, bleib kritisch. Kritik muss ja nicht negativ sein. Sie kann konstruktiv sein oder ein Warnsignal: Achtung, schau genau hin. Beides ist für mich sehr positiv und das sage ich auch meinem inneren Kritiker und danke ihm.

Vielleicht kannst du Maras Verhalten auch so sehen – sei wachsam. Und das finde ich gut. Eine Geste der Zuneigung. Wenn sie es möchte, kannst du ihr gerne meine E-Mails zeigen.

Und wenn du es möchtest, maile mir, wie du meine Gedanken und Anregungen aufnimmst. Herzliche Grüße, Sabine."

Komische Art von Zuneigungsbekundung! Doch war es das wert, aufeinander sauer zu sein? Was will ich? Dass Mara mich unterstützt, auf mich eingeht, dass sie sich entschuldigt! Dass sie sich wie eine gute Freundin verhält! Die Wut kam langsam wieder zurück. Einmal geht es um mich und sie haut ab. - Stopp! Das ist doch die Opferrolle. Stella musste lachen.

SMS an Mara: „@home?". Keine Antwort. Stella grummelte: Man, da will man schon den ersten Schritt machen und dann rührt die Trulla sich nicht. Sie fühlte sich unverstanden, nicht wertgeschätzt und alleine. Kurz vor Mitternacht piepte ihr Handy. „Sorry, hab's jetzt erst gelesen. Bin gestern zu meinen Eltern, hier ist Chaos. Meld mich morgen, n8, Mara". Unruhig wälzte sich Stella im Schlaf, sie hatte ein Scheißgefühl.

Mara rief gegen elf an. Ihre Stimme klang schwach, flatternd, hektisch. „Mein Vater hatte einen Autounfall. Er liegt auf der Intensivstation, wir wissen noch nicht, ob er durchkommt. Meine Mutter ist völlig durch den Wind." Maras Stimme wurde brüchig, sie weinte. „Mara, das tut mir so leid.

Kann ich etwas tun, soll ich kommen?" Stellas Gefühl hatte sie nicht getäuscht. Durch das Weinen hindurch drang ein „Würd'st du?" "Klar! Ich pack schnell ein paar Sachen ein und schau, wann der nächste Zug geht." Während der Fahrt musste sie immer wieder an Maras Familie denken. So richtig heile Welt. Der Vater hatte ein Unternehmen aufgebaut, lebte aber trotzdem für seine Familie, die Mutter war total warmherzig und fröhlich, war immer für Mara da und kümmerte sich ehrenamtlich um Hilfsbedürftige. Sie hatten einen großen Freundeskreis und waren viel unterwegs.

Mara holte Stella vom Bahnhof ab. Wie eine vom Wind her- gewehte Feder, dachte Stella und nahm sie fest in ihre Arme. „Gib mir den Schlüssel, ich fahr besser." Maras Mutter war im Krankenhaus, sie und Mara wechselten sich ab, auch damit einer sich um den Hund kümmern konnte. Stella reichte Mara einen Becher Tee, den sie gekocht hatte. Mara starrte ins Leere. „Was ist, wenn er es nicht schafft?", flüsterte sie. „Hey, denk positiv, er wird es!" Stella strich Mara über den Kopf. „Ich hab Angst, Stella, richtig Angst!"

„Danke, dass du …", sie gingen mit dem Labrador spazieren. „Ich mein, auch wegen dieser Internetgeschichte. Es war nur …" Stella unterbrach Mara: „Vergiss es, da können wir ein anderes Mal drüber reden. Ist jetzt nicht wichtig." Es war nicht mehr wichtig.

Maras Vater schaffte es. Er würde zwar eine lange Reha brauchen, aber auch das war nicht wichtig. Mara und Stella saßen am Abend vor Stellas Abreise im Wohnzimmer. „Das mit der Internetgeschichte", Mara suchte nach den besten Worten. „Ich hab die Nacht danach nicht schlafen können, mich so scheiß schuldig gefühlt. Ich wollte dich anrufen, doch dann ... Als du mir die Seite gezeigt hast, ich – da war auf einmal Panik in mir. Bilder schossen durch meinen Kopf, hörige Guru-Anhänger, Gehirnwäsche, Drogen, du weißt schon. Ich war nur noch Panik. Ich weiß nicht, es war so – es passte nicht, aber ich konnte nichts anderes greifen. Na ja, und der Glühwein ... Es war alles so surreal." Mara schluckte, „Ich hab's vermasselt. Ich mein', du schüttest mir dein Herz aus und ich hau' ab. Tolle Freundin!" „Hm, Freundschaft muss ja nicht immer bequem sein. Du wolltest mich warnen, und das ist doch auch Freundschaft. Vielleicht könntest du noch etwas an der Verpackung arbeiten." Da war sie wieder, die Leichtigkeit ihrer Freundschaft. „Aber über das andere, was du gesagt hast, da reden wir noch drüber, unbedingt!", bestand Mara. „Das ist mir ganz wichtig! Ich mein, wenn du noch magst." Und dann fügte sie noch hinzu: „Weißt du, was merkwürdig ist, es war genau die Zeit, als mein Vater den Unfall hatte ..."

7.

Weihnachten rückte näher und damit auch das Nachhausefahren für Stella und der Gedanke, wie sie mit so viel Familiennähe umgehen sollte. Es fühlte sich einengend an, den Ritualen der Kindheit war sie entwachsen. Weihnachten hier zu bleiben fühlte sich aber auch nicht gut an. Wie ein

Blatt in der Strömung, das mal hierhin, mal dorthin gespült wurde und doch nirgends hingehört, dachte Stella. Ihre Eltern würden sie ausfragen, doch was sollte sie sagen, wenn sie selber die Antworten nicht wusste? Am liebsten würde sie gar nichts sagen – und endlich Antworten finden.

Sie schrieb Sabine eine Mail. Als sie fertig war, kam ihr ein Gedanke; sie schnappte ihre Jacke und tauchte ein in den Strom der vorweihnachtlichen Geschäftigkeit.

„Liebe Stella, Deinen Zwiespalt zum weihnachtlichen Familientreffen versteh ich gut. Gerade erst bist du ausgeflogen, um die Weite der Welt zu erfahren, da fühlt sich das elterliche Nest eng und begrenzt an, in vielerlei Hinsicht. Die Pubertät stellte die elterlichen Ansichten infrage, jetzt machst du andere Erfahrungen als deine Eltern, dein Horizont erscheint dir viel weiter als der deiner Eltern. Das Jetzt, das Heute bietet so viele Möglichkeiten, deiner Generation öffnen sich so viele Türen – und damit öffnet sich auch die Unsicherheit der Wahl. 'Wie möchte ich leben?' Deine Eltern haben sich entschieden, vielleicht war ihre Wahl leichter, weil ihr Rahmen enger gesteckt war. Die gesellschaftliche Erwartungshaltung, die Vorgaben der Gemeinschaft waren klarer und dadurch leichter zu verstehen und zu 'erfüllen'. Studien belegen, dass wir noch nie so viele Freiheiten hatten wie heute und dennoch nicht glücklicher sind als frühere Generationen oder Menschen in Regionen und Ländern, die engere gesellschaftliche Vorgaben haben. Mit den Wahlmöglichkeiten wächst die Unsicherheit, die Angst, das Falsche zu wählen. Heute wird ein Mensch durchschnittlich vier verschiedene Berufe im Laufe seines Lebens haben. Vielleicht nimmt dir dies ein wenig Druck. Wenn dein Studium dich nicht erfüllt, so wird es andere Chancen, andere Möglichkeiten geben.

Deine Eltern sind mit den Vorstellungen ihrer Eltern, Lehrer, dem damaligen gesellschaftlichen Common Sense groß geworden. Auch sie haben sich weiterentwickelt, versucht, ihren vorgegebenen Rahmen zu hinterfragen und zu sprengen, denk an die 68er Unruhen, Flowerpower, die sexuelle Freiheit. Für dich mag vieles selbstverständlich sein, wofür deine Eltern noch 'kämpfen' mussten. Ihr macht eure 'Erweiterung' viel subtiler.

Dass du so wie deine Eltern nicht leben magst, finde ich vollkommen ok. Ich möchte dir den Unterschied zwischen werten und urteilen verdeutlichen. Ist dir schon einmal aufgefallen, wie oft wir am Tag urteilen? Unser Kritiker hackt nicht nur auf uns ein, wir können auch ganz schön – und sei es 'nur' gedanklich – austeilen. Wie sieht denn der aus? So ein Idiot! Egoist! Arschloch! Wir sind ziemlich schnell mit solchen Aussagen, oder? Denk nur an die Sache mit Mara. Wie schnell warst du sauer, als sie nicht auf deine SMS geantwortet hat. Und als du wusstest warum, da war dein Ärger deswegen weg. Vielleicht ist der Egoist eigentlich gar keiner, sondern war nur in Gedanken woanders, das Arschloch hat dich vielleicht nicht gesehen, der Idiot ist vielleicht neu in der Stadt, der tolle Typ verhält sich normalerweise anders. Wir erleben einen Moment und urteilen über etwas oder jemanden.

Natürlich reagieren wir auf eine Situation. Das ist gut so. Unsere Reaktion nährt sich aus unseren Werten, zeigt uns, wenn unsere Grenzen überschritten werden. Wenn wir abgleichen mit dem, was wir für stimmig halten, dann werten wir. Ich hätte mich in dieser Situation nicht so verhalten. Mir gefällt das, was das Mädchen anhat. Ich fühle mich hier nicht wohl. Beim Werten bleiben wir bei uns, den anderen können wir sein lassen. Ich erfahre etwas von mir über mich. Beim Urteilen stülpe ich meine Werte, Regeln anderen über und schaue, wo es Diskrepanzen gibt oder auch nicht. Ziemlich anstrengend, oder? Ist es nicht viel entspannter, bei sich zu bleiben, zumal mit dem Urteilen meist auch viel Negatives verbunden ist? Und wenn du dir verdeutlichst, dass die Urteile anderer über dich aus einem begrenzten Erleben deiner Person stammen und auf deren Werte und Regeln basieren, die sie übernommen haben, dann verlieren sie für dich an Heftigkeit. Ich finde diese Gedankengänge sehr befreiend.

Deine Eltern haben es vermutlich in ihrem Rahmen gut gemacht, sich bemüht – wie immer du es nennen magst. Wenn sich etwas für dich nicht stimmig anfühlt, so habt ihr dort wahrscheinlich unterschiedliche Vorstellungen. Das ist erst einmal nichts Verwerfliches. Du kannst die Chance nutzen und bei dir nachhaken: Was möchte ich, wie würde ich es machen?

In diesem Sinne wünsche ich dir ein entspanntes und interessantes Weihnachtsfest, Sabine.

Wenn du mir über deine Erfahrungen berichten magst, du weißt, ich freue mich darüber. Ich hab Dir noch eine Übung als Dateianhang mitgeschickt, die ich hilfreich finde."

Stoff zum Nachdenken. Ja, Urteile entstehen aus dem jeweiligen Werten eines Menschen. Das Urteil eines anderen hat also eine andere Ausgangsbasis als meines. Wenn jemand über mich urteilt, dann ist es das Ergebnis der Reflexion seines Wertekanons und des Ausschnittes von mir, den er kennt – bei Fremden also nur eine Momentaufnahme, ein Fragment. Das hat also viel mehr mit ihm als mit mir zu tun. Hm, es ist also eher seine Meinung als etwas Allgemeingültiges. Meinungen kann ich mir anhören, muss sie aber nicht teilen oder annehmen. Nein, Herr Richter, ich nehme das Urteil nicht an! Stella fühlte sich leicht und selbstbewusst. Auch das, was Sabine zu ihren Eltern schrieb, machte Sinn. Jede Generation addiert noch etwas, eigene Erfahrungen, neues Wissen hinzu. Da kommt einem die Welt der Eltern begrenzt vor. Vielleicht könnte sie ihre Eltern Weihnachten ja mal über deren Jugend ausfragen, hatten sie wohl auf ihre Art rebelliert, sich überlegen gefühlt, eingeengt?

Später öffnete Stella den Dateianhang. „Ich kann deine Unruhe so gut verstehen. Mir ging es auch lange so – und manchmal immer noch. Geduld zu haben ist nicht einfach. Es wird leichter, wenn man sich und der Welt vertraut. Das hört sich jetzt wohl ziemlich kryptisch an, oder? Du möchtest dir selber auf die Spur kommen. Achtsamkeit ist ein guter Anfang. Spür in dich hinein. Du kannst dir auch selber Fragen stellen. Die Antworten sollen nicht aus dem Kopf (Verstand) kommen, da hast du ja schon gesucht und bist nicht weiter gekommen. Vielleicht ist diese Übung hilfreich. Beginn mit einem Bodyscan: Setz oder leg dich hin, möglichst an einem ruhigen Ort ohne Ablenkung (ich mach's gerne morgens noch im Bett) und richte deine Aufmerksamkeit auf deine Zehen, als ob du in ihnen wärst. Sind sie entspannt, warm oder kalt? Fühlen sie sich leicht an? Dann wandere inner-lich zu deinen Füßen, spüre auch sie; wenn du Anspannung spürst, löse sie. Wie fühlt sich der Ballen an, der Rist, das Gewölbe. Kannst du vielleicht die Knochen ahnen? Nimm jetzt die Unterschenkel hinzu. Die Muskeln der Waden, scann dein Schienbein. Dann erkundest du deine Knie, das Gelenk, die Kniescheibe, die Haut. So wanderst du weiter deinen Körper hinauf, spürst Oberschenkel, Unterleib, Organe, dein Herz und den Brustraum, deine Wirbelsäule, Schultern, Arme, Hände und Finger, Nacken und Kehle und schließlich Gesicht und Hinterkopf. Wie fühlen sich dein Gaumen, dein Kiefer, deine Nasenhöhle, deine Augäpfel und Ohren an? Stirn, Kopfhaut, Haarwurzeln? Wenn du deinen ganzen Körper erkundet hast, kannst du sagen: 'Ich bin da!' und deine Fragen stellen: 'Wer bin ich? Wie stelle ich mir mein Leben vor? Was möchte ich ausdrücken? Was möchte ich heute erleben?' Horch in dich hinein, was 'hochpoppt'. Es können Farben kommen, Gefühle, Bilder. Vielleicht ist es auch ein Wort oder – nein, ich möchte nicht zu viel sagen. Beobachte, fang bitte nicht gleich an zu interpretieren. Gib dir Zeit, es könnte noch etwas nachkommen. Du kannst die 'Antworten' aufschreiben, wenn du die Übung öfter machst, sammelst du quasi Puzzleteile. Der Bodyscan klingt erst mal kompliziert, geht mit der Zeit aber viel schneller. Er soll dir helfen, aus deinem 'Kopf' in deinen Körper zu kommen, um eben nicht die Verstandesantworten zu bekommen. Wenn du wieder in den Kopf 'rutschst', dich also Gedanken ablenken, lass sie vorbeiziehen, schenke ihnen also möglichst keine weitere Aufmerksamkeit und führ dich sanft wieder in deinen Körper zurück. Das passiert."

Nachts probierte Stella den Bodyscan. Es war, als ob sie mit den geschlossenen Augen nach innen schaute und diesen Blick durch den Körper wandern ließ, beobachtend, tastend. Sie war in ihrem Körper, sie war da.

Wer bin ich? Gespannt und etwas unsicher wartete Stella. Eine Energie-
welle durchschoss sie vom Kopf bis zu den Füßen. Ein leichtes energe-
tisches Kribbeln blieb in ihren Händen und Füßen zurück. Stella war
irritiert. Energie, Strom? Sollte das die Antwort sein?

„Liebe Stella, ja, das ist eine tolle Antwort. Du bist Energie! Alles ist
ein Energiefeld, jeder Mensch, Baum, Ort, jedes Ding. Die Quantenphysik
bestätigt, dass wir Energie und Information sind. Sie ermöglicht ein neues
wissenschaftliches Verständnis, das mittlerweile anerkannt und geteilt
wird, über unser Sein und unser Wirken. Ich weiß nicht, wie vertraut du mit
der Quantenphysik bist. Für mich ist das noch eine recht fremde Welt, und
selbst viele Wissenschaftler sagen, dass man die Quantenphysik nicht
wirklich versteht. Mit der Quantenphysik, den neueren Erkenntnissen der
Hirnforschung, der Neurobiologie und anderen wissenschaftlichen Fächern
wird unser Weltbild ganz schön auf den Kopf gestellt. Langsam öffnet sich
die Wissenschaft für die Vorstellung, dass Seelenzustände und unbelebte
Materie miteinander verknüpft sind und aufeinander einwirken. Der bri-
tische Kernphysiker und Molekularbiologe Jeremy Hayward kommt zu
dem Schluss, dass das menschliche Bewusstsein (hier im Sinne von Geist,
Seele gebraucht) möglicherweise sogar grundlegender als Raum und Zeit
sei. Und da Quantenphysiker heute bereits mit zwölf Dimensionen rechnen
und in diesen anderen Dimensionen Raum und Zeit (z.T. – ich weiß es nicht
von jeder) irrelevant sind, ich denke da z.B. an Einfaltungen, halte ich das
für sehr stimmig.

Jetzt wirst du wahrscheinlich verwirrt fragen, warum ich dir diese
scheinbar zusammengewürfelten, ziemlich schwer zu verstehenden Sätze

geschrieben habe. In einer früheren E-Mail habe ich von dem Gesetz der Anziehung geschrieben, von den energetischen Schwingungen, die deine Gefühle und Gedanken aussenden und Gleichschwingendes anziehen wie ein Magnet. Wenn wir also energetische Information sind, die wir in die Welt, wohl sogar ins Universum strahlen, so entscheiden wir uns damit, was wir in unser Leben ziehen. Wir erschaffen uns also unsere Welt! Ein ungeheurer Gedanke, oder? Durch das, was wir ausstrahlen, haben wir die Macht, unser Leben zu gestalten. Unsere Energieschwingungen sind die Quelle. Da alles Energie, energetische Information ist, die ins Universum strahlt, schwingt, ist das Universum eine Art Energieeintopf aller Schwingungen, aus denen deine Schwingungen das Passende (also die gleichen Schwingungen) anziehen.

Auch wenn du diese Gedanken noch nicht schlucken magst oder kannst, vielleicht kannst du ihnen begegnen mit einer Haltung 'Nur weil ich es noch nicht (ganz) verstehe, heißt es nicht, dass es nicht so sein kann. Ich nehme diese Gedanken zur Kenntnis und behalte sie im Auge, mal sehen, ob sie sich für mich bestätigen.' Ja, Stella, du bist Energie, doch vielleicht bekommst du auch noch konkretere Antworten. Und vielleicht magst du diesen Gedanken des Energieseins und der damit verbundenen gestalterischen Kraft mit als Anregung ins neue Jahr nehmen. Lass es dir gut gehen, Sabine"

Das ist wirklich heftig! Stella fühlte sich unbehaglich und gleichzeitig aufgeregt wie ein Fährtenleser, der eine Spur entdeckt hat.

Mitten in der Nacht wachte Stella auf. Ein Gedanke schien sie aus dem Schlaf gerissen zu haben, war da, ganz flüchtig. Noch benommen versuchte sie, ihn zu fassen. Es hatte etwas mit Sabines Webseite zu tun. Sie schaltete das kleine Licht und den Laptop an. Es dauerte lange, bis sie zur Passworteingabe kam, zu schlaftrunken war sie noch. Doch als sie endlich die zweite Seite angeklickt hatte, war sie hellwach. Es war eine vage Idee, ob es etwas bringen würde, wusste sie nicht. Stella loggte sich in die Uni-Bibliothek ein und gab den Suchbegriff ein. Sie klickte einen Verweis nach dem anderen an. Doch nichts bezog sich wirklich auf das, was sie suchte. Es war ermüdend und anstrengend. Fahles Licht begann durch das Fenster in ihr Zimmer zu dringen. Das Grau tat ihren Augen weh. Sie musste den Suchbegriff enger fassen. Stella gab noch einen zweiten Begriff ein, scrollte durch die Ergebnisse. Das könnte interessant sein, ein Doppelklick. Als sie die Datei sah, schlug ihr Herz schneller. Hatte sie tatsächlich eine Spur entdeckt? Doch sie brauchte genauere Hinweise. Wenn sie zurück war, musste sie in die Bibliothek gehen und vor Ort suchen.

8.

Das neue Jahr begann nasskalt und grau. So war auch Stellas Stimmung. Sie haderte mit sich selber, zu träge, unmotiviert und schlicht zu blöd, sich selber zu erkennen, kam sie sich vor. Es fiel ihr schwer, ihrem inneren Kritiker angemessen zu begegnen und sich nicht von ihm niedermachen zu lassen. Wie sollte sie sich selber lieben? Da gab es einfach Bereiche, Eigenschaften, die nicht für sie sprachen, was war daran liebenswert? Sie bemühte sich, logisch, doch gerade das machte es nicht besser.

„Liebe Stella, hast du schon mal Babys beobachtet? Sie scheinen mit sich und der Welt zufrieden zu sein (wenn sie nicht gerade Hunger oder so haben), vor allem mit sich. Sie kommen auf die Welt mit dem Gefühl 'ganz' zu sein, heil. Allein durch ihr Dasein sind sie liebenswert, nicht weil sie etwas leisten. Sie fühlen sich mit allem verbunden, sie sind perfekt im Sinne von komplett in ihrem Imperfekt-Sein. Sie sind so gemeint, wie sie sind. Dies ist Urvertrauen in sich und die Welt. Jeder Mensch ist eine einzigartige Mischung aus Talenten und Charakterzügen und diese Mischung kann eine Qualität in die Welt bringen, Erfahrungen machen, die kein anderer so erleben kann. Deine Existenz ist genug, um liebenswert zu sein, sie verleiht dir schon Wert. Liebe kann man sich nicht verdienen, es gibt keine Brownie Points. Liebe strebt nicht nach Perfektionismus. Doch unsere Erziehung suggeriert uns, dass wir perfekt sein sollen. Wenn wir also glauben, dass wir nur dann wirklich liebenswert sind, wenn wir perfekt sind, dann ist das ein aussichtsloses Unterfangen.

Jeder hat Eigenschaften, die wir an uns selber nicht mögen, die vermeintlich dem Perfekt-Sein im Weg stehen. Und die versuchen wir zu unterdrücken. Hast du schon mal versucht, einen Ball unter Wasser zu drücken? Dazu braucht man Kraft. Und wenn man den Ball loslässt, vielleicht, weil man abgelenkt ist, dann schießt er hoch. So ist es auch mit unseren Fehlern, Schwächen. Wir versuchen, ein Bestbild nach außen abzugeben, darauf bedacht, dass uns möglichst niemand auf die Schliche kommt, was wir alles unterdrücken, denn das ist nun gar nicht liebenswert. Vielleicht aber hilfreich? Jede(!) Eigenschaft hat auch gute Seiten. Und gerade die, die wir so gar nicht mögen, können uns oft stärken. Es geht nicht darum, jeden Teil gleich lieb zu haben. Wir haben viele Facetten. Sie zu sehen, anzuerkennen und als Teil von uns zu akzeptieren ist das Thema. Vermeintliche Faulheit, fehlende Motivation mag z.B. ein Warnsignal sein. Bin ich auf dem richtigen Weg? Arbeite ich zu viel und sollte auch mal Pause machen, um wieder Kraft zu tanken? Aggressivität kann dir auch das Gefühl geben, dich im Notfall verteidigen, beschützen zu können, also Sicherheit.

Es geht noch weiter: Da wir energetische Schwingungen aussenden und nicht nur wir, sondern auch alles andere, schwingt quasi alles überall, somit auch in uns. Alles ist auch in uns. Ich mache mal einen Absatz, weil der Gedanke schon sehr – hm, du würdest wohl 'heftig' sagen – ist.

Wenn wir nun mit anderen zusammen sind, egal ob Fremde oder Freunde, dann kann passieren, dass wir ein Verhalten bei anderen bemerken, das wir ablehnen. Doch dieses Verhalten ist auch in uns. Wenn es uns missfällt, dann haben wir ein Thema mit diesem Teil in uns. Jemand triggert uns an, nennt man das. Er spiegelt dir etwas in deinem Inneren. Worüber du dich im Außen aufregst, das regt dich auch an dir auf. Oder es zeigt dir, wo du dich noch entwickeln kannst, womit du noch ein Thema hast. Sind wir damit im Reinen, können wir den anderen so sein lassen, was nicht heißt, dass wir es gut finden, aber es ist in uns nicht verdrängt, wir können damit umgehen.

Egal, ob du etwas an dir nicht magst und verdrängst oder ob jemand anders dich antriggert, es könnte also hilfreich sein, sich das anzuschauen. Die verdrängten Seiten, Eigenschaften in uns nennt man auch Schatten. Mir hat eine Übung Spaß und viel Erkenntnis gebracht: Stell dir vor, du sitzt zusammen mit ganz verschiedenen Typen in einem Raum. Jeder verkörpert eine Eigenschaft. Wenn du magst, kannst du den Personen Namen geben: Die Diva Dianne, die chaotische Cora, der brutale Boris, die unscheinbare Ulla… Du kannst dir einen aussuchen und mit ihm einen Spaziergang durch den Park machen, der das Haus, in dem du bist, umgibt. Und dann hör zu, was er dir sagt. Frag am Ende, welches Geschenk er für dich hätte. Meine Diva Dianne z.B. hat sich herabgelassen, mit mir zu gehen. Sie erzählte, wie gut sich die anderen fühlen, wenn sie ihr helfen, ihr dienen und sie dann mit einem huldvollen Lächeln von ihr bedacht werden, sie bekäme alles, was sie wolle, sie achte auf sich und bekomme Achtung als Spiegel. Schätzchen, sagte sie, ich trau mich, auf mich zu schauen, denn ich bin es mir wert und dafür werde ich bewundert. Das Geschenk: 'Sorgt dafür, dass es ihr gut geht', kann Grenzen setzen. Die Schlampe Sandra macht nur das, worauf sie Bock hat. Sie strebt nicht nach Perfektionismus, akzeptiert sich so, wie sie ist, ihr ist es egal, was andere denken, sie muss keinem Bild entsprechen. Heute kann ich Diva und Schlampe sein – wohl dosiert –, sie als Facetten von mir durchaus genießen und bei anderen viel besser hinnehmen. Du siehst, unsere Schattenanteile wollen uns helfen, doch wir verdrängen und verurteilen sie. Wenn wir Schattenanteile akzeptieren, werden diese Anteile integriert und transformiert. Wir können ihren Nutzen erkennen und sie agieren dann auf hilfreichem Niveau.

Das Geschenk zu sehen versöhnt. Auch bei deinem inneren Kind. Wenn es sich unscheinbar fühlt, welches Geschenk bringt dies mit? Die Gabe, ein guter Beobachter oder sehr selbstständig zu sein, eigene kreative Lösungen zu finden z.b. Oder wenn es sich als Fehler ansieht? Großes Mitgefühl und Loyalität mit anderen, andere vertrauen ihm. Diese Versöhnung mit dir, deinem Leben und dem Leben um dich herum öffnet dich noch mehr für die Liebe zu allem.

Ich verstehe, dass du die Jahreszeit als deprimierend empfindest. Wir sehnen uns nach Licht und Wärme. Die Kälte lässt uns in uns selber verkriechen, zurückziehen – Cocooning. Die Natur macht es vor. Ob Winterschlaf oder Laubabwurf, die Natur sammelt sich in ihrem Inneren, um dann im Frühjahr kraftvoll zu wachsen. Das heißt nicht, dass in dieser Zeit nichts passiert. Der innere Prozess ermöglicht oftmals erst den äußeren. Im Menschen ist eine innere Entwicklung genauso wichtig, um diese dann im Außen manifestieren, also zeigen zu können. Die Natur ist 'natürlich geduldig'. Ich bin mir sicher, dass auch in dir vieles passiert, Prozesse bereits im Gang sind, das spiegeln auch deine Mails. Geduld ist mit Vertrauen verwandt. Wenn du vertraust, ist warten leichter, ist dranbleiben leichter. Alles hat und braucht seine Zeit, manches geht viel schneller als erwartet, manches scheint von inneren Blockaden umgeben zu sein und wirkt mühsam und zäh. Dein Erkennen lässt dich innerlich wachsen. Du kannst diese Zeit gut für den Blick nach innen nutzen. Sie kann sehr wertvoll sein. Hab eine gute Zeit und bis bald. Herzliche Grüße, Sabine“.

Die Diva Dianne, das gefiel Stella – und sie hatte recht. Nicht nur Stella hatte in der Schule die bewundert, die sich was getraut hatten, blau gemacht, widersprochen, gefordert hatten, auch wenn sie wussten, dass es negative Konsequenzen haben könnte. Sie scherten sich nicht darum, waren nicht ängstlich, wirkten stark, hatten gar nicht die Absicht, everybodies' darling zu sein. – Da Stella eh schon auf ihrem Bett eingekuschelt war, begann sie gleich mit Sabines Übung.

Ihr Handy klingelte. Anonym. „Morgen, gleiche Zeit, gleicher Ort, ok?" Zumindest fragte er jetzt.

9.

Der Nieselregen fraß sich durch den ganzen Körper wie eine gierige Raupe, Kälte und Leere zurücklassend, während das fahle Licht nur wenige Einblicke preisgab, als ob es alles für sich behalten wollte, um kraftvoll im Frühjahr zu strahlen. Kim war wie eine perfekte Adaption mit der Umgebung, schien verschmolzen mit ihr zu sein. Sein "Hi" ließ Stella zusammenzucken. Sie versuchte in seinem Gesicht zu lesen, es sah irgendwie offener, interessierter aus, mehr da. Kim griff in seine Jackentasche und holte ein Geldbündel heraus. Mit einer Kopfbewegung zu den Scheinen: „Wollt ich dir zurückgeben." Was war jetzt los? „Muss ich das verstehen?" „Nee!", die abweisende Schroffheit war zurück. Stella stand mit verschränkten Armen da, Schweigen breitete sich aus, umhüllte beide. Es war wie ein gegenseitiges Beobachten, Einschätzen, fast wie beim Reviertanz zweier Männchen. Etwas in ihr war sich ganz sicher: Sie würde das Geld nicht so einfach nehmen. Eine Stärke durchströmte sie. Wo immer sie auch herkommen mochte, eines war ihr klar, sie würde dranbleiben und – gewinnen. Es war – nicht wirklich sie, es war, als ob etwas durch sie wirkte und dass sie dafür einstehen sollte, wollte. Und es war verwirrend. Stella beobachtete sich, sie wusste nicht warum, aber sie wusste, dass es wichtig war. Für wen? Für Kim, für sie, für beide? Auch das war ihr nicht klar. Kim senkte den Blick, immer noch das Geld in der Hand haltend, machte aber nicht den Anschein, mehr sagen zu wollen. Dennoch hatte Stella das Gefühl, dass er unsicherer wurde, dass seine Fassade einen Riss bekommen hatte. Konzentriert blieb ihr Blick auf ihn gerichtet, beobachtend, fest, ihre unausgesprochene Frage „Warum?" tragend, ausstrahlend, den Raum zwischen ihnen füllend. Kim schien sich unwohl zu fühlen, sich zu winden, er kickte einen Kiesel mit dem Schuh, hatte den Arm mit dem Geld inzwischen gesenkt. Je unsicherer er wurde, umso sicherer wurde Stella.

„Hab 'ne Menge gelernt von ihr", der Arm war ihr wieder entgegengestreckt. Kim schaute sie direkt an, in seinem Blick lag Verletzlichkeit, fast wie ein Flehen, es damit gut sein zu lassen und das Geld zu nehmen. Stella spürte Mitgefühl, ihr Blick wurde weich, sie nickte. Wieder Schweigen, doch es war nicht mehr so – kämpferisch(?), eher Raum gebend, Raum haltend, zum Öffnen, Worte-Finden, einladend. Kim wandte seinen Kopf zum Fluss mit einem Blick, als ob er etwas in der Ferne fixierte. „Ich hab immer geglaubt, dass die Welt gegen mich ist, dass ich die A-Karte hab. Sah ja auch ganz so aus. Ich, der kämpfen musste für das bisschen, während die anderen so selbstverständlich alles kriegten. Ich, das war volle Wut. –

Doch so einfach ist das nicht." Kim biss sich auf die Lippen. „Das Leben spielt Pingpong. Und wenn mir der Ball, den es mir zurück- schießt, nicht passt, sollte ich ihn anders zuspielen. Fragt sich nur wie?" Fast verlegen streckte Kim Stella wieder das Geld hin. „So zum Beispiel", ihre Hand schloss seine Finger um die Scheine, „Du hast es dir verdient. Ohne dich hätte ich es nicht geschafft. Und wenn Sabine dir auch helfen kann, freu ich mich." Sie sah ihn an: „Danke." – Beide wussten, dass Stella damit nicht das Geldangebot meinte.

Zu Hause musste sie noch länger an die Begegnung denken. Es war so intensiv gewesen, diese Stärke in ihr, das, was da passiert war. Change, Veränderung – wie konnte man das Leben dazu bringen, ein anderes, besseres Feedback zu geben? Hatte Sabine dazu nicht schon etwas in einer ihrer E-Mails geschrieben? Im Gefühl des Erfüllt-Seins.

„Liebe Stella, ja wir 'sprachen' schon einmal darüber, im Kontext von Glaubenssätzen. Doch gerne möchte ich darauf noch einmal von einem etwas anderen Blickwinkel eingehen. Wir sind es gewohnt, dass wir, wenn wir etwas möchten, aktiv werden, etwas tun, um etwas zu bekommen, um dann etwas zu sein. Beispiel: Geld. Wir arbeiten, weil wir Geld haben möchten, um wohlhabend zu sein. Schönheit: Wir pflegen uns, weil wir gut aussehen möchten, um attraktiv, begehrenswert zu sein/zu wirken. Wenn wir den neuen Weg wählen, fangen wir mit dem Sein an: Ich bin wohlhabend. Wie fühlt sich das an? Ich stelle mir vor, wohlhabend zu sein, ein Leben in materiellem Überfluss zu leben. Dieses Gefühl versuche ich in mir zu intensivieren. Du kannst dieses Gefühl auch innerlich feiern – es ist so schön, sich wohlhabend zu fühlen, ich genieße es so. Unser Tun wird nun von diesem Gefühl begleitet und es tauchen die Möglichkeiten auf, damit wir das bekommen, was wir uns vorstellen. Wir verändern also den Ablauf von Do-have-be zu Be-do-have. Bei der Schönheit ist es auch so. Sicher hast du schon Menschen gesehen, die nicht dem klassischen Schönheitsideal entsprechen, die du aber schön findest, weil sie eine tolle Ausstrahlung haben. Sie sind innerlich schön, strahlen das aus und werden so wahrgenommen, sie haben eine Aura von Schönheit. Wenn du dich schön fühlst, kriegst du eine Ausstrahlung, die dich auch so wirken lässt.

Das Seins-Gefühl zieht an, wohingegen unser gewohntes Tun viel weniger kraftvoll ist, es drückt. Druck engt ein, kann den Blick auf Möglichkeiten versperren. Zu viel Druck ist blinder Aktionismus, der nicht zum Ziel führt, ist wie ein Zweifel, dass es sonst nicht klappt. Die Engländer sagen: Don't push the river, it already flows. Damit will ich nicht sagen, dass man nichts tun soll, nein, kein Geldbote, kein Prinz, kein Job kommt so einfach vorbei – im Allgemeinen ;-)). Wenn ich aus dem Bereits-seiend-Gefühl heraus agiere, meine Handlungen sich stimmig damit anfühlen, dann ist dies halt viel effektiver.

Jetzt wirst du vermutlich fragen, wie du am besten in das Gefühl kommst. Gute Frage. Wenn ich nie wohlhabend war, woher soll ich wissen, wie sich das anfühlt? Wenn ich mich nie als schön empfunden hab, gesund war, beliebt war, erfolgreich war. Bist du sicher, dass es nie einen Moment gab? Überleg doch bitte, ob es nicht doch einmal so eine Situation gab. Wenn doch, versuche sie dir herzuholen. Achte auf das Gefühl, was hast du empfunden? Versetz dich in die Situation zurück. Kannst du das Gefühl verstärken? Gib dir innerlich ein Stichwort, das dich sofort an diese

Situation denken lässt, damit du sie gleich aktivieren kannst, wann immer du in dieses Gefühl kommen möchtest. Solltest du wirklich kein Erlebnis finden, so kannst du dir deine Vision ausmalen. Du hast Vorstellungen, wie sich etwas anfühlt, hast andere vielleicht beobachtet, die so sind, wie du sein möchtest. Du kannst auch Bilder, Fotos suchen, die das ausdrücken und in diese Bilder eintauchen. Wichtig ist nur, das Gefühl zu spüren und nicht die Sehnsucht danach, das Gefühl zu er- 'leben ', denn die Schwingung des Gefühls ist gleich, egal ob du es schon bist oder es dir nur vorstellst.

Stella, ich bin nicht sauer auf dich, weil du das Passwort hast knacken lassen. Kim und du, ihr zwei solltet, wolltet zu meinen Seiten kommen; der Weg, ist der so wichtig? Ich bin froh über deine Ehrlichkeit, danke. Kim hatte es mir übrigens auch schon gesagt, daher weiß ich, dass er es war – und jetzt, dass du ihn beauftragt hast.

Was da am Fluss passiert ist – super! Ihr scheint beide eine tolle, intensive Erfahrung gemacht zu haben. Da habt ihr euch gegenseitig beschenkt.

So, liebe Visionärin, tauche ein in deine neue Welt, und wenn du magst, berichte mir, ob meine Zeilen hilfreich waren. Herzlichst, Sabine."

Das bedeutet also, dass ich mir vorstellen soll, wie es ist, einen tollen Job zu haben, der mir Spaß bringt, wo ich gut drin bin, Erfolg hab und auch noch gut verdiene. Aber ich soll doch im Jetzt sein, wären das nicht Zukunftsgedanken? Stellas Gedanken kreisten, suchten nach Situationen, wo sie schon einmal so rundum glücklich mit ihrer Arbeit war. Einmal in der Schule, da hatte sie in Deutsch einen tollen Aufsatz geschrieben, sich viel Mühe bei der Recherche gemacht und super argumentiert. Sie war so stolz auf sich, und ihr Lehrer war auch voll begeistert. Das Gefühl war toll gewesen, sie konnte es noch spüren. Ihr Handy klingelte. Mara. „Oh shit! Sorry! Hab total die Zeit vergessen. Bin gleich da." Stella schnappte sich Jacke und Stiefel und rannte die Treppe runter.

"Mein Vater macht super Fortschritte. Die Ärzte sagen, es grenzt an ein Wunder. Und mein Vater? Der sagt, dass es wirklich ein Unfall war – in seinem Lebensplan. War eigentlich nicht vorgesehen. Er hat so eine Willenskraft! Und ist schon wieder bei all den Dingen, die er noch machen will. Ich glaub, das treibt ihn an." Mara griff Stellas Hand. „Ich hab drüber nachgedacht, was du damals gesagt hast, als der Unfall passierte. Vielleicht ist es das, ich mein, was treibt dich an? Was tust du mit Begeisterung? Mit Leidenschaft? Bei mir ist es der Gedanke, mit meinem Tun und Wissen Kindern helfen zu können, sie zu heilen, ihr Leben zu verbessern, sie auch ein wenig zu begleiten. Ich wusste schon früh, dass ich Kinderärztin oder so etwas werden wollte. Das hat mich immer motiviert. Bei dir sehe ich die Liebe zur Sprache, du kannst dich super ausdrücken und erklären."

„Ach, komm", Stella winkte ab, „so toll bin ich da nun auch wieder nicht". „Hey, das bewundere ich an dir! Und dass du so stark bist, ich gerate viel eher in Panik, du bist wie, wie ein Fels in der Brandung, so viel – bestimmter, klarer als ich." „Und ich fühl' mich überhaupt nicht bestimmt, das suche ich zur Zeit." „Aber Sprache liebst du doch noch, oder? Weißt du, ich kann mir vorstellen, dass das Studium reichlich trocken ist; wenn ich da deine Kommilitonen seh', puh, nicht mein Ding. Irgendwie passt du da nicht so rein, find ich." Stella nickte. „Das verunsichert mich alles, ich weiß nicht, was ich mit dem Studium machen soll, fühle mich irgendwie wie ein Alien dort. Eben kam mir ein Gedanke. Als du sagtest, dass du mich wegen meiner Sprachgewandtheit und Strukturiertheit bewunderst, da hab ich abgewiegelt. Mir ist es immer leichtgefallen, es war einfach da und vielleicht kann ich es genau deswegen, weil es so einfach für mich ist, nicht als etwas Tolles ansehen. Für dich ist es dagegen toll, weil es dir vom Wesen her nicht so entspricht. Ich bewundere deine Fröhlichkeit, deine positive Haltung, deine Herzlichkeit – und bin mir ziemlich sicher, dass das für dich nichts Herausragendes ist." Jetzt nickte Mara. „Wow, da schätzen wir unsere Talente weniger als andere es tun, weil es einfach für uns ist. Also nur das, was mühevoll ist, erarbeitet werden muss, ist was wert. Eigentlich ganz schön schräg!"

Nachts konnte Stella nicht einschlafen. Gedanken kamen. – Wenn ich meine Talente nicht als etwas Besonderes, Wertvolles empfinde, dann … Ich mach mich ja dadurch ganz schön klein. Sie öffnete den Laptop und begann eine Liste. Dann noch eine zweite für Mara. Sie würde Mara bitten, auch eine für sie zu machen, als Blick von außen.

Ihre Gedanken schweiften weiter zu Kim, zu ihrem Treffen und dem, was Sabine erzählt hatte. Eigentlich wollte sie Kim danken, dass er sie nicht verraten hatte. Vielleicht könnte Sabine eine E-Mail an ihn weiterleiten, noch einmal wollte sie nicht Mara und Jannik bitten, Kontakt herzustellen.

10.

Kim meldete sich zwei Tage später bei ihr. Beide waren irgendwie verlegen. Auch Kim tat sein Verhalten als selbstverständlich ab, aber er freute sich über ihr Danke. Als sie aufgelegt hatten, schüttelte Stella den Kopf. Sie hatte sich gefühlt wie mit vierzehn, wenn ein Junge sie ansprach. Dabei wollte sie gar nichts von Kim. Zwei Stunden später kam eine SMS und damit seine Handynummer. „Falls du noch Fragen zu IT oder Quantenphysik hast..." Stella grinste.

Es ging ihr irgendwie besser, doch mit dem beruflichen Thema kam sie nicht weiter. Das, was Sabine ihr gesagt hatte, fühlte sich stimmig an, aber brachte nicht das Erkennen. Auch die Übungen waren spannend, doch die Bilder waren für sie unklar. Stella haderte mit sich selber.

„Liebe Stella, Du machst nichts falsch. Was du schreibst, das klingt für mich, als ob du deiner mehr gewahr wirst, dich selber besser kennenlernst. Und darum geht es. Fehler, weißt du, was sind Fehler? Als Edison versuchte, Strom zum Leuchten zu bringen und die Glühlampe entwickelte, brauchte er über 3.000 Versuche bis dahin. Sah er sie als Fehler an? Nein, als Schritte, die ihn zum Ziel führten. Sie zeigten ihm, dass er eine Abzweigung genommen hatte, die ihn nicht an das Ziel brachte, dass er diesen Weg nicht weiter verfolgen sollte. Jedes Mal, wenn wir scheitern, kommen wir dem Erfolg einen Schritt näher. Oder, um es mit Buckminster Fuller zu sagen: 'Fehler sind großartig. Je mehr ich mache, umso schlauer werde ich.'

Fehler, Widerstände, Hindernisse sind ein Hinweis auf eine notwendige Kurskorrektur, ein Rerouting. Und nebenbei lernt man einiges zu dem Thema. Kleinere Kinder können noch daraus Motivation ziehen, wir neigen zur Frustration, anstatt sie dankbar anzunehmen. Wenn wir etwas ändern möchten, was passiert da? Hirnforscher haben in den letzten Jahren Riesenfortschritte gemacht. Die neuen technischen Möglichkeiten und Erkenntnisse haben ihnen neue Einsichten geben können. In einer früheren E-Mail bin ich ja schon einmal auf das Stammhirn eingegangen. Das Hirn hat sich weiterentwickelt. Besonders interessant ist der Frontalkortex und die Amygdala. Menschen, die z.b. durch einen Unfall einen beschädigten Frontalkortex, der hinter der Stirn liegt, haben, gelingt es kaum, tiefe Bindungen einzugehen, Mitgefühl zu entwickeln. Umgekehrt, wenn wir achtsam sind, präsent, in Meditation, gut mit uns selber verbunden sind, dann können Hirnforscher eine verstärkte Aktivität im Frontalkortex registrieren. Mit ihm verbinden, vereinfacht gesagt, die Wissenschaftler Gefühle wie Liebe, Verbundenheit, Zufriedenheit, Passion. Ist das nicht das, was wir wollen? Ein Leben voller Liebe, Energie aus Motivation und Leidenschaft? Weiter haben Hirnforscher erkannt, dass das Gehirn immer fähig ist, neue Vernetzungen zu schaffen. Dazu braucht es etwas Zeit. Das kannst du dir wie bei einem Weg vorstellen. Am Anfang ist es nur ein Trampelpfad. Weil er immer öfter gegangen wird, wird er immer klarer zu erkennen und breiter, dann kommen die ersten Fahrzeuge, er wird zur Straße, die irgendwann asphaltiert wird. Es ist also wie bei vielem im Leben eine Frage der Übung. Ganz einig sind sich die Hirnforscher nicht, von 21 bis 60 Tagen ist die Rede, bis neue Vernetzungen stabil sind. Eigentlich nicht viel, aber wer ist schon so lange konsequent dabei? Wir Menschen sind Gewohnheitswesen. Kreuz doch einfach einmal deine Arme vor deiner Brust. Und jetzt bitte anders herum. Merkst du einen inneren Widerstand? Du möchtest wieder anders herum kreuzen, auf die gewohnte Weise, stimmt's? Unsere Hirnströme suchen den Weg des geringsten Widerstandes, wie bei einem Flussbett. Das Wasser fließt in dem Bett, in den gewohnten Bahnen, da bedarf es schon eines Hochwassers, damit es auch einen anderen Weg sucht. Kaum ist das Hochwasser vorbei, bleibt es beim gewohnten Lauf, aber manchmal hat es auch eine neue Abzweigung gefunden.

Wenn wir etwas ändern wollen, dann kann es zuerst unbequem sein, wir kommen aus unserer Komfortzone heraus, betreten ungewohnte Pfade. Die Komfortzone gibt uns ein Sicherheitsgefühl. Wir wissen, womit wir umzugehen haben. Auch wenn dies suboptimal ist, sind wir versucht, das Verbleiben in ihr zu wählen, weil uns das Unbekannte Angst macht, risikobehaftet erscheint. Deswegen bleiben Menschen in Beziehungen, an Arbeitsplätzen, in Lebensumständen, die ihnen nicht förderlich sind. In der Komfortzone kann man sich auch viel besser als Opfer der Umstände ansehen. Doch die neuen wissenschaftlichen Erkenntnisse bringen auch die Erkenntnis der Eigenverantwortung mit sich. Wir erschaffen mit unserem Sein, unseren Gedanken, Emotionen das Feedback der Welt. Wenn wir also auf unsere Gedanken, Emotionen, unser Verhalten achten, erkennen wir uns besser und warum Dinge passieren. Spannend, nicht?

So, das war wieder eine Ladung zum Nachdenken. Ich könnte noch stundenlang weiterschreiben, aber ein übervoller Teller schreckt eher ab, als dass er appetitanregend ist. Vielleicht sollten wir beim nächsten Mal über das Ego reden, dem meines Erachtens Unrecht getan wird. Lass uns schauen, was ansteht. Wie immer herzliche Grüße, Sabine."

Der Nebel, das Unbekannte. Das, was mich verunsichert. Ich kann im Bekannten, Vertrauten bleiben oder den Stretch außerhalb der Komfortzone machen. Etwas in meinem Inneren treibt mich. Stella musste fast lachen, als ihr der Gedanke vom Aufbruch ins gelobte Land kam. Wie ein Abenteurer, Goldgräber, Entdecker kam sie sich vor.

Im Internet fand Stella noch einiges zum Frontalkortex und zur Amygdala. Der Frontalkortex ist der Bereich, in dem Sinneswahrnehmungen mit Gedächtnisinhalten und emotionalen Bewertungen abgeglichen werden. Er ermöglicht Handlungsplanung, situationsangemessenes Verhalten und reguliert emotionale Prozesse. Dazu fördert er die Konzentration und die Koordination durch selektive, zielführende Aufmerksamkeit und die Hemmung störender Informationen. Während der Frontalkortex das jüngste Teil des menschlichen Hirns ist, wirkt die Amygdala quasi wie ein Bindeglied zwischen Stammhirn und Frontalkortex. Sie analysiert das Gefährdungspotenzial der einwirkenden Außenreize, ist also wesentlich an der Entstehung von Angst und Aggression beteiligt. Durch sie ist erst Erregung, sei es affekt- oder lustbetont, möglich.

Spannend, fand Stella und tauchte weiter ein. Das Kleinhirn steht quasi fürs Überleben, das Großhirn gibt dem Leben eine zusätzliche Qualität durch seine Fähigkeit der Erkenntnis. Einiges kam ihr noch aus der Schulzeit bekannt vor, doch im Zusammenhang mit ihren Gefühlen, so wie es Sabine beschrieben hatte, wurde es auf einmal nachvollziehbar.

Ihr Handy klingelte. Es war die junge Bibliothekarin aus der Uni-Bibliothek. Stella war gleich nach ihrer Rückkehr dort gewesen. Ihre Recherche verlief zäh. Schließlich hatte sie sich an die Rezeptionistin gewandt. Es war zum Glück ein ruhiger Tag, die meisten Studenten waren noch verreist und so hatte die Bibliothekarin Zeit. Stella spielte mit offenen Karten. Die Bibliothekarin hörte aufmerksam zu und machte sich zwei, drei Notizen. Als Stella fertig war, überlegte sie laut, während sie mit dem Computer arbeitete. Ihr Blick wanderte über den Monitor, von Kopfschütteln begleitet. Wieder und wieder versuchte sie, ihm Informationen zu entlocken. Nachdenkliches Schweigen verband schließlich beide. Die Bibliothekarin spielte mit ihrem Stift und schien einen Entschluss zu fassen. Jetzt war es Stella, die aufmerksam zuhörte. Sie war berührt von der Hilfsbereitschaft und dem Engagement dieser Frau, die sich zu ihrer Verbündeten machte.

Als Stella schließlich auflegte, war dieses Gefühl noch intensiver. Was diese Frau alles versucht hatte... Aufgeregt radelte sie zur Bibliothek. Es war ein Ausdruck, den die Bibliothekarin Stella zuschob, schweigend, da noch andere Studenten in der Nähe waren. Doch der Blick, den sie Stella zuwarf sprach Bände. Wieder zu Hause versuchte Stella den Text zu entziffern. Er war sehr kryptisch, doch ein Anfang. Sie beschloss, ihren Professor zu fragen, wie er ihn interpretieren würde, und schrieb die wichtigsten

Zeilen ab. Ihr Prof versprach, sich Gedanken zu machen und nachzuforschen, da auch er nur eine vage Vermutung hatte. Dankbar und doch ungeduldig verließ Stella sein Büro.

11.

Das Studium hatte Stella ziemlich im Griff. Sie musste viel lesen und analysieren. Abgabetermine rückten näher. Solange sie sich nicht über eine Alternative klar war, wollte Stella ihr Studium weiter durchziehen. Die Vorlesungen und Seminare fand sie interessanter als die der ersten zwei Semester. Alt- und mittelhochdeutsche Literaturanalyse waren nicht ihr Ding gewesen. Dennoch fühlte es sich an, als ob etwas fehlte. Stella musste an das denken, was Mara gesagt hatte: Dass sie fand, Stella passe da nicht richtig rein. Sie beobachtete ihre Kommilitonen, ihre Professoren. Wie schnell sie doch am Urteilen war. Stopp, bei mir bleiben, die anderen sein lassen. Auch wenn ein Kommilitone ihr total auf den Nerv ging mit seiner Egotour. Hatte Sabine nicht vorgeschlagen, über das Ego beim nächsten Mal zu schreiben?

„Hi Stella, klar können wir über das Ego reden. Ich finde, es ist ganz schön negativ besetzt. Egoistisch, egozentrisch, Egomane. Die gesellschaftliche Moral verpönt das Ego und auch in vielen Religionen geht es um die Überwindung des Egos. Doch am Beispiel mit den Sauerstoffmasken in den

Fliegern wird klar, dass es nicht negativ sein muss, sich zuerst um sein Wohl zu kümmern. Doch was ist das Ego eigentlich? Ego bedeutet zunächst einmal 'Ich', der Sinn für sich selbst, das Selbst-Bewusstsein – ganz neutral. In der Psychologie wird das Ego auch als die Persönlichkeit eines Menschen angesehen, wobei diese von Fremdeinflüssen wie Erziehung und äußeren Umständen geprägt sei. Deswegen wird auch das Ego vom Selbst unterschieden. Das Selbst wiederum ist das reine, unverfälschte Wesen eines Menschen, wie wir es bei einem Neugeborenen sehen. Wobei auch hier schon erste Prägungen stattgefunden haben. Das Ego ist auf die materielle Welt eingestellt und hat dadurch Grenzen. Als Mittler zwischen Außen- und Innenwelt ermöglicht es uns, in der materiellen Welt zurechtzukommen. Ohne Innenorientierung, wenn es sich mit dem Selbst nicht verbunden fühlt, meint es, kämpfen zu müssen, ohne Außenorientierung wird der Mensch lebensuntüchtig. Reine Außen- wie Innenschau entspricht nicht dem menschlichen Wesen, da der Mensch eigentlich sinngebend sein möchte. Das Ego liebt es zu werten, in Hierarchien zu denken, doch unsere Idealform ist nicht besser, sondern vermag sich nur schon mehr, intensiver auszudrücken in seiner Individualität, in mehr Bereichen seines Selbst.

Wozu brauchen wir ein Ego? Das Ego hat zwei wichtige Funktionen: Es möchte, dass wir uns sicher und wohl fühlen. Der zweite Punkt ist die Wahl. Das Ego schätzt die Außenwelt ein, nimmt wahr, was es braucht, will und gibt Instruktionen nach innen weiter. Umgekehrt träumt unser Wesen, manche nennen es auch Geist, und spielt dies dem Ego zu, das die Ist-Situation mit der Soll-Situation abgleicht. Das Ego ist wie ein Filter zwischen Innen- und Außenwelt. Es wählt, was als Wunsch im Außen Gestalt annehmen kann und was von außen nach innen gelassen wird, worauf wir unsere Aufmerksamkeit richten. Also eine ziemlich wichtige Funktion. Da das Ego quasi eingemauert in unsere Glaubensstrukturen ist, können diese verhindern, dass Wünsche etc. als Instruktionen nach außen gegeben werden, denn unser Wesen kann das Ego nicht umgehen. Wenn wir also glauben, dass wir z.b. nicht gut genug sind, dann werden wir auch von der Welt ein entsprechendes Feedback bekommen und die Ereignisse diesen Glauben bestätigen, so sehr wir uns auch das Gegenteil wünschen. Unsere Träume, Wünsche bleiben unterschwellig, kriegen keine Gestalt. Das Ego stellt also die individuelle Personifizierung des Geistes und seiner Wünsche dar, die einzigartige Mischung aus realisierten, unterschwelligen und unbewussten Träumen, Sehnsüchten und Wünschen, ist also der Ausdruck meines Wesens.

Wie können wir mit unserem Ego in Dialog treten und ihm andere Perspektiven eröffnen? Nur, weil es bis jetzt immer so war, muss es beim nächsten Mal nicht so sein. Jeder nächste Moment ist frei wählbar. Du kannst dem Ego auch das Gefühl des erfüllten Wunsches zeigen oder Beispiele von anderen, die den Wunsch schon erfüllt leben, nach dem Motto: Es ist möglich. Auch das Ego möchte anerkannt, geliebt, respektiert werden. Wenn wir dem Ego die Verbindung zu unserem Wesen gewahr machen, dass es also eine unerschöpfliche Fülle von Wahlmöglichkeiten hat und unser Wesen ihm unsere Visionen und Wünsche zur Verwirklichung übergibt, dann kann das Ego sich einerseits wichtig und anderseits geführt fühlen und entspannen. Unser Ego und unser Wesen können konstruktiv zusammenarbeiten und dann ist alles möglich. Insofern geht es aus meiner Sicht nicht um die Überwindung des Egos, wie es z.b. im Buddhismus gelehrt wird, sondern darum, Wesen und Ego gleichschwingen zu lassen.

Du schriebst, dass du von der Egotour eines Kommilitonen genervt bist. Wenn du dich fragst, was dich genau nervt, kannst du Hinweise bekommen, was sich bei dir entwickeln mag oder was dir wichtig ist. Ist dir Gerechtigkeit wichtig, Chancengleichheit, die er durch sein Hervortun missachtet? Oder würdest du vielleicht auch lieber öfter im Vordergrund sein, hältst dich aber zurück, weil du noch keine dir angemessen erscheinende Art dafür kennst? Das, was uns antriggert, bringt uns weiter, also können wir auch solchen Egotypen dankbar sein. Versuch doch mal, ihn deine Dankbarkeit spüren zu lassen, vielleicht kommt sie ja durch und er 'entspannt'.

Ich bin dir jedenfalls dankbar für deine Fragen und dein Feedback. Es bringt auch mich jedes Mal weiter in meiner Entwicklung. Und es bringt mir Freude. Daher einen sehr lieben Gruß, Sabine."

Doch zuerst hatte Stella eine Vorlesung bei dem Prof, den sie wegen der Textinterpretation gefragt hatte. Am Ende der Stunde winkte er sie zu sich. Ein wenig bedauernd, dass er nicht mehr gefunden hatte und sagen konnte, gab er Stella zwei Hinweise. Für Stella stand danach fest: Jetzt brauchte sie Maras Hilfe.

Das nächste Seminar mit dem „Trigger-Studenten" fand zwei Tage später statt. So hatte sich Stella noch nie auf ein Seminar gefreut. Wie üblich war er schon da, hatte sich einen der besten Plätze gesichert und war dabei, seine Unterlagen vor sich zu platzieren. Aufmerksam verfolgte Stella seine

Handlungen, wie er Stift und Laptop aus dem Rucksack holte, sich schließlich auf den Stuhl setzte, zurücklehnte und in die Runde schaute. Raum einnehmend, kam ihr in den Sinn. Sie fühlte sich auf einmal klein, zusammengekauert und setzte sich aufrechter hin. Ein guter Hinweis, innerlich grinste sie und schickte ein Danke ab. Darüber würde sie noch weiter nachdenken. Auch sein Auftritt kam. Während die anderen ihren Blick demonstrativ in Laptops oder Notizen vertieften oder scheinbar gelangweilt aus dem Fenster schauten, blieb Stella mit ihrer Aufmerksamkeit bei ihm – und sich. Gesten- und wortreich begann er, seinen Namen hatte Stella sich bis jetzt nicht gemerkt, seine Ausführungen, sein Monolog wirkte gut vorbereitet, aber leblos. Und so blieb vorrangig der Eindruck der Selbstdarstellung. Stella notierte sich Stichworte, die ihr in den Sinn kamen, „expressiv, mitteilen, Leere, Absicht". Ihre Blicke trafen sich, ihrer war offen, aufnehmend, positiv. Er stockte und endete mit einem kurzen Satz. Was hatte Sabine geschrieben? Alles will angeschaut und respektiert werden. Waren seine akribisch vorbereiteten Beiträge ein Versuch, nicht nur Aufmerksamkeit und gute Noten, sondern auch Respekt zu erhalten? Wie war es bei ihr? Wie, wenn es um einen größeren Auftritt ginge? Die Vorstellung, an einem Rednerpult zu stehen, viele Augenpaare auf sich gerichtet. Etwas zog sich ängstlich wie ein kleines Kind in ihr zusammen. Doch da war auch dieses Kribbeln, das Excitement, dieser Reiz und das Gefühl, sie könnte es, und das kam ganz tief aus ihr. Sie könnte die Aufmerksamkeit der Zuhörer fesseln, ihre Message rüberbringen. Stella fühlte sich stark, selbstbewusst, als ob sie sich auch innerlich aufgerichtet hätte, und voller Energie. Da war ein dickes Danke in seine Richtung angesagt.

Dieses Gefühl, das so ganz tief aus ihr zu kommen, zu ihr gehörend schien, war das ein Funke, ein Teil von ihrem Selbst? Die Vorstellung, vor einem größeren Publikum zu reden, schien ihr noch weit weg, aber dennoch stimmig, eine Vision, die in ihr lebte. War es so, dass sie in ihrem Inneren bereits Antworten hatte?

12.

„Hi Stella, deine Frage trifft ziemlich den Kern. ;-)) Von Anfang an haben wir ein Wissen in uns über unser Sein, unser Wesen. Eine Eichel hat alles Wissen in sich, um zu keimen, zu wurzeln und zu einer Eiche heran-zuwachsen, alles in so einem kleinen, unscheinbaren Ding. Genauso ein Embryo: Die befruchtete Eizelle, ein winziges Etwas, das unter dem Mikroskop keine menschenähnliche Form aufweist, reift zu einem Baby heran. Dieses Wissen scheint also schon in einer einzigen Zelle vorhanden zu sein. Oder der Zugang zu dem Wissen.

Weißt du, was ein holografisches Bild ist? Du hast es wahrscheinlich schon einmal als Sicherheitsbild auf deiner EC-Karte gesehen. Ein drei-dimensionales Bild in zwei Dimensionen, mehr noch: Alle Informationen sind nicht nur im Ganzen, sondern auch in jedem Bruchteil vorhanden, egal, wie klein dieser Bruchteil wird. Offensichtlich hat der kleinste Teil von uns – und jeder Teil – das Wissen über uns als Ganzes. Die Beispiele von der

Eichel und dem Embryo zeigen, dass Wissen oder der Zugang zu dem Wissen in uns ist, es also gar nicht darum geht, sich Wissen anzueignen – zumindest Wissen, das unser eigentliches Sein anbelangt –, sondern darum, den Zugang für uns wissentlich, bewusst zu machen.

Daher kann auch die Frage, ob die Antworten in uns sind, bejaht werden, wobei das Innen relativ ist. Doch darauf gehe ich später noch ein. Die Beispiele belegen erst einmal das Wissen um Wachstum und Entwicklung eines Wesens. Deine Frage zielte mehr auf philosophische Themen wie Lebenszweck, -aufgabe, Erfüllung. Hinweise gibt es, dass es auch hier schon Vorgaben gibt. Was, wenn jemand gar keine Vorstellung, Ahnung von seiner Aufgabe hat? Das, was sich für dich intuitiv stimmig anfühlt, ist im Einklang mit deinen Vorgaben. Du kannst deine Herzenswünsche beobachten. Was möchten sie ausdrücken, wonach sehnst du dich? Wofür brennst du? Spür in dich hinein. Weißt du, es muss keine Riesenaufgabe sein, du musst kein Weltretter sein, werden. Außerdem heißt es nicht, dass man nicht verschiedene Aufgaben haben kann. Das jetzt nur als Anregung.

Ach ja, ich wollte noch auf das 'In uns' eingehen. Da wir energetische Schwingungen sind, die ausstrahlen, weit über unseren Körper hinaus, vermutlich das gesamte Universum durchziehend, sind die Antworten, wenn es sie gibt, zwangsläufig in uns. Dieser Fakt bedeutet ein Umdenken. Wir sind nicht nur in unserem Körper, er stellt keine Begrenzung für unser Selbst dar. Umgekehrt ist unser Körper in unserem Selbst der Teil, der es uns ermöglicht, mit den fünf Sinnen zu empfinden, Sinneserlebnisse zu bekommen.

Wenn also alles und jeder energetisch unbegrenzt schwingt, durchziehen wir einander, alles und jeden. Das würde heißen, dass wir theoretisch jede Schwingung in uns haben. Wir hätten also tatsächlich jede Information. Du siehst, wir brauchen unser Ego dringend! Die Quantenphysik bestätigt diese neue Sichtweise. Wir leben in einer Zeit des Umbruchs. Unser Denken ist noch schwerpunktmäßig von der Weltanschauung à la Isaac Newton und seiner wissenschaftlichen Kollegen geprägt. Doch unsere Welt entwickelt sich weiter durch die Erkenntnisse der Quantenphysik. Ob Laser oder Internet, vieles wäre ohne die Quantenphysik nicht möglich gewesen. Wir scheinen mit unserem Denken und Verstehen der Zeit hinterherzuhinken, wobei Zeit ja nun gerade in der Quantenphysik relativ ist. Kim könnte dir einiges erklären, ich bin da nicht so gut drin. Ich glaube, ihr zwei könntet einander gut unterstützen. Herzlichst und bis bald, Sabine."

Die E-Mail machte Stella nachdenklich. Vielleicht war es wirklich gut, wenn sie ein wissenschaftlich sachliches Verständnis für das bekäme, was in ihr vorging. Sie zögerte dennoch, wollte sie mit Kim reden? Einerseits ging es um etwas sehr Sachliches, aber andererseits – würden die Fragen nicht doch aus ihrem tiefsten Inneren kommen. Wäre sie bereit, dies zu zeigen? Sie starrte auf ihr Handy. Neuland, Nebel, Unsicherheit – Stella scrollte zu K.

Sie trafen sich wieder am Fluss. Es war kühl, doch die Luft trug schon Frühling in sich. Sie roch anders, war leichter, irgendwie lebendiger, versprechender. Aufbruch lag in der Luft. Noch waren die Bäume kahl, der Rasen matschig braun, doch irgendwie schien die Natur nach außen zu drängen, den Winterschlaf abzuschütteln, Knospen vor dem Durchbruch.

Als Stella Kim unter dem Brückenbogen ausmachte, spürte sie wieder etwas wie Verlegenheit in sich hochkommen. Sie fühlte sich beobachtet, durchschaut. Hatte sie deswegen gezögert, ihn anzurufen? Was sollte er eigentlich nicht sehen von ihr? Ihre Unwissenheit? Da war mehr. Stella riss sich aus ihren Gedanken und ging auf Kim zu. Seinen Kopf gesenkt, schien er sie aus den Augenwinkeln zu beobachten. Wie ein Chamäleon, das seine Beute fixiert, jeden Moment könnte es, er nach vorne schnellen, zuschnappen. Wieder streifte Stella ihre Gedanken ab. Was war los? Sie hatte ihn angerufen, um Hilfe gebeten und er hatte zugesagt, war doch nett von ihm.

„Hi, danke!", versuchte Stella das Schweigen zu brechen. Die Andeutung einer wegwerfenden Handbewegung, langsam löste sich Kim von der Mauer, nach rechts nickend. Der Kies knirschte wie ihr Gespräch. Stella kam sich unbeholfen vor, suchte nach Worten. „Wie verändert Quantenphysik unser Leben? Ich mein' jetzt nicht, was technisch möglich ist, sondern wenn's drum geht, uns selber zu verstehen. Sabine meinte, das könntest du mir besser erklären als sie." Kim schien amüsiert. „Da liegt sie wohl falsch."

Schweigen.

Schweigen.

Dann doch:

„Einstein wurde als der bedeutendste Mensch des letzten Jahrhunderts bezeichnet. Auch wenn uns unsere Welt der 'soliden' Gegenstände und gegebenen Umstände, die wir mit unseren fünf Sinnen wahrnehmen, noch so real vorkommt, Quantenphysik beweist, dass wir in einem multidimensionalen Universum leben. Es besteht nicht aus soliden, physikalischen Objekten, sondern aus Energie, die ständig fließt, in vibrierenden Frequenzen, sich immer verändert. Wir leben in einer Welt, die nicht aus toter Materie besteht, sondern aus 'lebenden', intelligenten, allumfassenden Systemen, die unabhängig von den Beschränkungen durch Raum und Zeit sind. Das, was wir als unsere Welt ansehen, wird von unserem System geschaffen. Unser System, das sind unsere Ideen, unsere Wahrnehmungen, unser Wissen, das, was wir für möglich oder unmöglich halten in unserer Vorstellung von Realität. Wir glauben, in unserem Denken frei zu sein, doch es ist begrenzt durch unsere Weltsicht, die geprägt ist vom alten vierdimensionalen Denken. Was ist real? Es gibt keine Realität außerhalb unserer Sichtweise. Realität ist kontextabhängig. Unsere Sichtweise ist der Rahmen für alles, was wir denken und machen. Checkst du's?"

„Hm, kann dir folgen, aber das ist so fremd, das ist – Theorie. Es ist wie eine Formel, abstrakt, die spür ich nicht, die ist nicht - in mir."

„Klar, solange du in deiner vierdimensionalen Sichtweise hängst, hast du kaum Zugang zu anderen. Du lebst in und nach den Gesetzen der Vierdimensionalität. Die Quantenrealität ist da, aber sie wirkt nicht für dich. Steven Hawking, dieser geniale Physiker im Rollstuhl, hat gesagt, dass die Quantentheorie ein komplett anderes Bild der Realität ist, uns daher alle angeht, aber wenig außerhalb von Physik und Chemie bekannt ist und selbst innerhalb kaum verstanden wird. Warum uns das interessieren sollte? Wir leben in unserer Welt der mechanischen Gesetze, Ursache und Wirkung, linear, rational, logisch, mit soliden Objekten und fixen Umständen. Die fixen Umstände machen uns zu ihren Opfern, wir sind ihnen ausgeliefert. Wir re-agieren. Wir entscheiden uns zwischen sichtbaren Alternativen und deren wahrscheinlichen Ergebnissen. In einer Welt der Energie im Fluss, der ständigen Veränderung, die vom Beobachter abhängt, ist es anders. Es gibt nichts Fixes, sie ist in einer ständigen Interaktion mit dem Beobachter. Jeden Moment wählen wir aus dem unendlichen Pool der Möglichkeiten. Eine kontextabhängige Welt wird von uns erschaffen nach dem, worauf wir unsere Aufmerksamkeit richten. Wenn also nichts absolut oder fix ist und die Realität vom Beobachter geschaffen wird, dann ist er, der Beobachter, die Kraft und die Quelle seiner Welt."

Stella kniff die Augen zusammen. Sie saßen mittlerweile auf der Rückenlehne einer Bank, konzentriert bei dem Gespräch. „Krass! Aber was fang ich damit an? Wie kann ich das leben?" Kim sah sie von der Seite an. „How the hell I should know!"

Etwas arbeitete in Stella, als ob sie neue Teile in ihrem inneren Puzzle unterbringen wollte. „Sabine hat was von unserem 'Wesen' gesagt. Und: Das Wissen oder der Zugang sei in uns. Mit Wissen meint sie etwas, das mehr ist als unser Verstand. Wenn jeder sein Wissen unendlich weit ausstrahlt, dann ist alles Wissen, weil wir von allen Schwingungen durchzogen werden und wir alles durchziehen, in uns. Macht Sinn. Das heißt, dass wir mit allem verbunden sind. Aber ich fühl mich nicht so."

„Einstein hat gesagt, dass wir die Probleme nicht auf der gleichen Ebene lösen können, auf der sie entstanden sind. Du fühlst mit deinen fünf Sinnen, und die sind körpergebunden, räumlich begrenzt. Die Energieschwingungen spürst du nicht. Deswegen fühlst du dich nicht verbunden." Kims Sätze ließen Stella an ihre Meditation denken, wo sie sich gefragt hatte: Wer bin ich? Damals durchschoss sie Energie. Sie hatte sie gespürt, eine Energie, die von außerhalb ihres Körpers kam, ihn durchquerte und wieder austrat. War das ein Funken 'Quantenleben'?

Kim überlegte weiter: „Wenn unsere Realität kontextabhängig ist, dann heißt es, dass wir sie ändern, wenn wir den Kontext ändern. Also: Indem wir den Kontext ändern, ändern wir als Quelle unsere Ergebnisse." „Puh, dann wären wir wieder beim halb vollen oder halb leeren Glas. Deswegen sollen wir im Kontext der Erfüllung unserer Wünsche sein, uns da reinspüren, oder?" „Hm", brummte Kim, „wenn wir so tun, als ob das, was wir wollen, schon passiert, dann sind wir in einer anderen Realität mit anderen Möglichkeiten. Wir haben unsere Realität gewechselt. Unsere Absicht bestimmt und verändert unsere Realität." „Was ist dann aber mit unserer vierdimensionalen Welt, wenn wir quantentheoretisch leben? Da geht es doch um mehr Dimensionen." „Die vier bleiben erhalten, es kommen nur neue hinzu, eine Erweiterung quasi. Was nicht heißt, dass in den anderen Dimensionen die Gesetze unserer vier Dimensionen gelten. Energie verhält sich nicht linear. Sie kann 'springen', deswegen hat Max Planck auch den Begriff Quantensprung erfunden. Wenn wir so tun als ob, 'springen' wir quasi von der Ist-Energieschwingung in die Soll-Energieschwingung, von einer Realität in eine andere."

Sie schlenderten zurück zur Brücke, wo Stella ihr Fahrrad angeschlossen hatte. Jemand schien sich daran zu schaffen zu machen. Stella lief auf ihn zu. "Hey, das ist mein Rad!" Der Typ drehte sich zu ihr. „Ach ja?" Ein Klappmesser schnappte auf, schnellte zweimal warnend nach vorne. Stella zuckte zusammen, sie sah nur noch das Messer, die Gefahr. Die Klinge blitzte im Licht der Laterne, ein Symbol der Gewalt und Erniedrigung. Ein Arm schob sie zurück. „Weg!" Kim fixierte den Typen, ziemlich heruntergekommen, jemand, der nicht viel zu verlieren hatte. Die Arme auf Schulterhöhe vor sich haltend, standen sie sich gegenüber, tänzelnd wie zwei Boxer. Der Dieb schien sich sicher mit seinem Messer. Adrenalin und Aggression vibrierten. Eine Mischung aus Anspannung, Konzentration, Schweiß und Brutalität umgab ihn wie eine Duftwolke. Auf einmal schoss er nach vorne, das Messer auf Kims Brustkorb gerichtet. Stella erstarrte. Doch Kim hatte eine Ausweichbewegung gemacht und den Arm gepackt. Blitzschnell drehte er ihn auf dem Rücken des Angreifers nach oben. Das Messer fiel zu Boden. Kim kickte es weg. „Nicht mit mir!" Den Arm weiter mit seinem Gewicht nach oben pressend griff er mit der freien Hand in die Taschen des Diebes, fischte einen Zwanziger raus. „Für ein neues Schloss. Noch einmal und es geht dir richtig dreckig. Klar?" Ein Ruck des Armes nach oben zur Bekräftigung seiner Worte, ein hervorgequetschtes „Ja." Kim schubste ihn nach vorne. „Verpiss dich!", der Typ stolperte die ersten Schritte und lief dann den Hang hinauf. Stella starrte Kim an, begann zu zittern. „Er hätte dich töten können." Tränen liefen ihr die Wangen runter, sie zitterte, der Schock. "Nee, der nicht. Der hatte keine Ahnung vom Kämpfen. – Hey, alles ok." Kim hatte sie an ihren Schultern gepackt. Seinen durchdringenden Blick empfand Stella auf einmal nicht mehr als unangenehm. Ein Analysieren ja, aber es lag nichts Urteilendes in ihm, sie fühlte sich – sicher, als ob eine innere Mauer gefallen war. Sie musste sich nicht mehr schützen. Er hatte ihre Angst, ihre Schwäche gesehen und sie in seine Sicherheit gezogen. Zu den Tränen der Angst und des Schocks mischten sich jetzt welche der Erleichterung. Kim stand einfach vor ihr, und das war gut. „Ich bring dich besser nach Hause." Er nahm ihr Rad, schob es den Hang hoch, Stella zunächst nach der Richtung fragend, dann sie mit beiläufigen Fragen am Reden haltend. Vor ihrer Wohnungstür wandte er sich zum Gehen. Als Stella ihn reinbat, winkte er ab. Stella wurde wieder verlegen, suchte nach Worten: „Danke, du hast echt was gut – was Großes." „Schon ok." Und nach einer Pause: „Ich hab's auch für mich getan."

13.

Stella lag noch lange wach, immer wieder tauchten die Bilder von dem Messer auf, dann die von Kims Eingreifen. Die E-Mail von Sabine: Zugang zu meinem Wissen. Ja, den will ich ja gerade finden. Was möchte ich ausdrücken? – ? – Sie starrte an die Decke, hatte das Gefühl, sich mit ihren Gedanken im Kreis zu drehen. So spannend wie all das war, sie kam nicht weiter. Wie konnte sie die Energieschwingung von etwas, was sie nicht wusste, annehmen? Es war so verwirrend und frustrierend. Sie verschlief und verpasste ihre Vorlesung.

„Hi Stella, du wirst deine Antworten wahrscheinlich nicht mit dem Verstand finden. Wir sind es so gewohnt, linear, mit dem Verstand zu denken, Problem -> Lösung, doch so hilfreich dieses Denken im Alltag ist, hier kommt es nicht weiter. Offensichtlich ist unserem Verstand nicht alles zugänglich. Beim Denken wollen wir Fragen beantworten: Wie, wo, was, wann...? Versuchen wir uns doch einmal von den Fragen zu lösen, zu akzeptieren, dass wir die Antworten zur Zeit nicht wissen. In meiner letzten E-Mail schrieb ich von den Energieschwingungen, die wir ausstrahlen und von denen wir durchzogen werden, dass theoretisch alle Schwingungen von allen Informationen 'da' sind. Vielleicht hilft das Bild von einem Computer: Ein Computer speichert die Informationen ab, die der Benutzer eingibt. Er hat quasi ein begrenztes Wissen. Was aber, wenn er vernetzt wird? Dann wächst sein Wissen, weil er Zugriff auf die Informationen seines Netzwerkes hat. Das Internet bietet eine unglaubliche Menge an Informationen, über die wir alleine nicht verfügen würden. Wir sind quasi internetmäßig mit allem verbunden. Dann könnten wir darauf vertrauen, dass auch die bestmöglichen Informationen, Lösungen in diesem World Wide Web vorhanden sind. Dieses Web weiß mehr als wir, es ist daher viel kreativer als wir mit unserer begrenzten Vorstellung. Wenn wir die Fragen nach dem Wie, Wann, Wo etc. diesem Web überlassen, weil es kompetenter ist, und unseren Anteil darin sehen, die Aufgaben zu formulieren, dann gehen wir in eine Co-Kreativität mit dem Web. Ich nenne dieses Web 'Universum'.

Deine Frage dreht sich um das Formulieren. Das Universum denkt nicht so wie wir, es wertet nicht, bringt nur Gleichschwingendes zusammen. Wie schwingt also die Wunscherfüllung? Wir sprachen ja schon davon, dass

Gefühle sehr viel stärker schwingen als Gedanken. Deswegen sollten wir uns die Gefühle anschauen, auch weil wir mit den Gedanken ja nicht weiterkommen. Wie fühlt sich also die Wunscherfüllung an? Wie fühlt es sich an, eine erfüllende Aufgabe zu haben in deinem Fall? Du hattest solche Momente sicher schon einmal im Kleineren erlebt, als du etwas getan hast, was dir wichtig war, wo dein Herz dran hing. Versuche, dich an das Gefühl dabei zu erinnern. Tauch ein in das Gefühl, spüre die Freude, die Begeisterung, mit der du es getan hast. Kannst du dieses Gefühl so verinnerlichen, dass du es abrufen kannst? Der Fokus ist auf deinem Gefühl, es ist gar nicht so wichtig, was du tust. Wenn es geht, steigere dich in dieses Gefühl hinein, genieße die Freude, dieses innere 'Ja!!'. Dieses Gefühl ist es, was du ins Universum ausstrahlst, damit es dir das 'bringt', was dazu passt. Und dann achte drauf, was sich dir zeigt: Vielleicht ist es ein Song im Radio, eine Bemerkung, die du aufschnappst, eine Begegnung mit jemanden, die dich inspiriert.

Der Begriff Inspiration, zerlegt betrachtet, bedeutet: in spirit – im Geist, in der Seele. Du bist dann verbunden mit deinem Wesen. Inspirationen sind eher etwas wie Geistesblitze, sie tauchen vermeintlich aus dem Nichts auf und sind nicht das Produkt von Gedankengängen. Inspirationen sind motivierend, energetisierend, anregend, fühlen sich stimmig an.

Das Universum ist der kreative Partner, du bist derjenige, der die Absicht, die Intention formuliert. Zerleg Intention, dann hast du: in tention. Tention, die Anziehungskraft, das Ziehen, das Spannungsfeld. Es ist eine Kraft, die empfängt, bekommt, nimmt. Mit unserem linearen Denken agieren wir, suchen aktiv nach Lösungen, handeln. Dies sind alles sehr männliche Eigenschaften. Die Intention, die Absicht auszustrahlen, das ist eine Seins-Qualität, ich bin in diesem Zustand, ich agiere nicht im Außen, ich erschaffe durch meine Gefühle, die Gedanken formulieren sie. Ich ziehe das in mein Leben. Dies ist die weibliche Seite des Erschaffens. Intention ist eine Form von Gedankenenergie, die eine Richtung angibt, aber viel Raum lässt. Da Energie intelligent ist, kann sie unseren Intentionen folgen und quasi mit ihnen kooperieren.

Unser Verstand will wissen. Unsere verstandesgeprägte Umwelt hat uns das Fragen gelehrt. Wir haben es nicht gelernt, mit Nicht-Wissen umzugehen. Vielleicht ist es hilfreich, dass es mittlerweile so viel Wissen so offensichtlich gibt, dass selbst der Verstand anerkennen muss, dass er nicht alles wissen, verstehen kann und langsam in eine Akzeptanz kommt. Das Loslassen und das Vertrauen ins Universum sind sehr befreiend, auch für den Verstand.

Ich bin auf dein Feedback gespannt. Bis bald, herzlichst, Sabine."

Loslassen, so wie Sabine das sagt, das hat irgendwie mit Hingabe zu tun, dachte Stella. Etwas haderte in ihr. Sie hatte das Gefühl, damit Kontrolle, Verantwortung abzugeben. Das fühlte sich nicht stimmig an, als ob sie sich kleiner machen würde.

Abends fuhr sie zu Mara. Sie liebte diese Abende mit Sandwichbergen, YouTube-Filme-Schauen, gemeinsam skypen und einfach quatschen. Die Gedanken an Sabines Mail tauchten immer wieder auf. Loslassen, vertrauen, Hingabe – von allen, die sie kannte, war Mara das am ehesten.

Manchmal konnte Stella innerlich nur mit den Augen rollen, früher hätte sie es naiv genannt, aber mit der Zeit sah sie es anders. Mara war sich sicher, immer einen Parkplatz zu finden – und fand einen. Mara plante keinen Urlaub, sondern fuhr einfach los – und es war immer super. Das ist schon Leichtigkeit, dachte Stella. „Hm, ich hab mal einen Film gesehen", begann Mara, als Stella ihr von ihren Gedanken erzählte, „ein Tanzfilm mit Antonio Banderas", ein vielsagender Seitenblick, beide grinsten. „Da war eine Szene. Also Banderas ist ein Tanzlehrer, so richtig Gesellschaftstanz, in New York, irgendwie ist er in einer Gegend unterwegs, in der nicht unbedingt seine Klientel wohnt, Bronx oder so. Er sieht, wie ein junger Typ ein Auto vor einer Schule demoliert, offenbar ein Schüler. Banderas geht rein und entschließt sich spontan, den Kids (inklusive diesem Typ) dort kostenlos Tanzunterricht zu geben. Kannst dir vorstellen, dass er nur bedingt willkommen war, aber er kriegt es hin. Doch dann wird er zur Schulleiterin gerufen. Ein Beirat ist versammelt und will den Tanzunterricht beenden, die Kids bräuchten andere Hilfe als Tanzunterricht, den sie nie anwenden könnten. Banderas fordert daraufhin die Schulleiterin zum Tanz auf. Führt sie zwei Schritte vor und zurück. 'Wenn sie mir erlaubt zu führen, vertraut sie mir, mehr noch, sie vertraut sich selber'." – Hingabe als Ausdruck der eigenen Stärke und Sicherheit, wow, dachte Stella. Ich entscheide mich zu vertrauen, loszulassen. Und das würde ich nicht machen, wenn ich Zweifel habe. „Komm", Mara tippte schon in ihren Laptop, „lass uns mal sehen, ob wir den Film finden."

„Ja, Stella. Du möchtest die Kontrolle behalten, wenn du Zweifel, Angst hast. Die Stärke liegt in der Hingabe, nicht in der Kontrolle. Mir ist noch ein Gedanke gekommen: Wenn ich von meinen eigenen Vorstellungen, meinem konkreten Willen loslasse, kann das Universum mir ganz andere Möglichkeiten präsentieren. Es kann in mir Eigenschaften aufdecken, die mir vielleicht noch gar nicht bewusst waren, Talente mobilisieren. Ich entscheide mich, die universale Energie durch mich durchfließen zu lassen in dem Bewusstsein, der Erkenntnis, dass diese Energie das Beste für mich will. Angst, Zweifel entstehen durch unsere Begrenzungen, unsere Glaubenssätze. Sie zeigen sich in Erwartungen. Durch die Veränderung deiner inneren Gewohnheiten ändert sich auch die erlebte Erfahrung im Außen.

In jeder Sekunde werden die Karten neu gemischt. Nur, weil es in der Vergangenheit so war, muss es in der Zukunft nicht auch so sein. Du bist mehr als deine Vergangenheit, kannst eine neue Erfahrung wählen. Es kann auch ganz anders sein, werden. Doch wenn wir Zweifel und Angst ausstrahlen, werden wir nicht in unsere Größe kommen. Es geht also um mehr als um das Manifestieren von gewünschten Gegenständen und Umständen. Es geht darum, die Person zu werden, die bereit ist, diese zu empfangen und die Hindernisse aus dem Weg zu räumen: Angst, Zweifel, Glaubenssätze. Mit einigen deiner Glaubenssätze hast du dich schon vertraut gemacht und sie aufgelöst. Wie können wir mit Angst und Zweifeln umgehen? Eine Übung fand ich sehr hilfreich. Schreib deine Ängste und Zweifel auf. Dann nimmst du einen Zweifel, eine Angst und fragst dich, was dahinter steht, was ist es, was du eigentlich möchtest, welcher Wunsch verbirgt sich hinter dem Zweifel? Wenn du dir über diesen Wunsch klar geworden bist, dann formulier eine Frage, wie du das erschaffen kannst, was du möchtest. Dabei solltest du nicht in der Angst sein, schwimmen, weil Angst den Blick verengt und dich nicht die Möglichkeiten erkennen und dich ja eben an der Machbarkeit zweifeln lässt. Das kannst du am besten, wenn du in deinem liebevollen Selbst bist, das auf deine Ängste schaut. Du gehst davon aus, dass es möglich ist, auch wenn du die Antwort auf das Wie noch nicht weißt. Es ist ein Wechsel vom Zweifel zur Neugier, zur Offenheit, Antworten zu empfangen. Fragen, die dich zu den nächsten Schritten führen können, dich aktiv werden lassen. Beispiel: die Angst, nicht genügend Geld zu haben. Neugier: Ich frage mich, wie ich ausreichend Geld für meine Bedürfnisse in mein Leben generieren kann? Oder: Ich frage mich, wie ich meine Talente so einbringen kann, dass sie finanziell bestens belohnt werden? Da kommen wir zu deinem Thema: Deine Angst, dein Zweifel, keinen Beruf zu finden, der dir entspricht und dich erfüllt. Formulier deine Ängste aber besser selber, du spürst den genauen Dreh der Angst. Was könnten deine Fragen sein? Ich hätte da Ideen, aber möchte dich nicht beeinflussen. Spiel mit den Fragen, probiere sie aus. Wenn sich die Frage kraftvoll, lebendig anfühlt, dann ist sie richtig. Sie soll die Neugier in dir wecken.

Jetzt hast du offene Fragen anstelle der Angst. Um dich an die Antworten heranzutasten, spüre mit deinen Sinnen, wie sich das Erfüllt-Sein anfühlt. Wie könnte es aussehen, wie sich anhören, wie ist das Bauchgefühl dazu? Hinweise können in dir hochpoppen oder dir auch im Außen begegnen: Eine inspirierende Liedzeile, ein aufgeschnappter Wortfetzen aus einem Gespräch, eine Straßenszene, ein Duft… Es ist also gut, auf mögliche Zeichen zu achten.

Und dann fokussier dich darauf, was du in diesem Bereich möchtest, anstatt immer wieder die Ängste anzuschauen. Der Wechsel deiner Aufmerksamkeit von Herausforderung zu Lösungen, wird ein Feld öffnen voller Magie und Möglichkeiten. Wenn du vertraust, dass es immer eine gute Lösung gibt – und die gibt es –, dann tauchen Brücken auf. Vertrauen ist stärker als Furcht. Furcht ist zunächst neutral. Erst unsere Interpretationen, unser Eintauchen in sie, geben ihr die negative Energie. Wenn du deine Furcht beobachtest, bist du außerhalb von ihr und lässt dich nicht von ihr leiten. Furcht ist dann ein 'Achtung', für das wir dankbar sein können. Bei aufkommender Angst kannst du ins Herz atmen, dich mit einer glücklichen Situation verbinden, um ins Glücksgefühl zu kommen. Es ist gut, schon vorher einmal über glückliche, schöne Situationen in deinem Leben nachgedacht zu haben und sie mit einem Stichwort zu verbinden, damit man sich das Gefühl schnell holen kann. So wird eine andere Antwort angeboten, das Stammhirn, das die Angst ausgelöst hat, kann runterfahren und anderes Agieren wird möglich.

Ich freue mich auf deine nächste Mail. Bis dahin eine gute Zeit, Sabine."

Stift und Papier lagen bereit, Stella schloss die Augen und spürte in sich hinein, folgte ihrem Atem. Sie suchte ihre Angst. Ja, da war Angst vor diesem dumpfen Gefühl, sich nicht begeistern zu können für ihre Arbeit, etwas zu tun, wohinter sie nicht stehen könnte, etwas, was nur Geld, aber keine Inspiration mit sich brachte. Und da war die Angst, ihre Talente verkümmern zu sehen, dass sie nichts bewegen könnte, erschaffen, auf das sie stolz sein könnte. Es war wie ein Abklopfen der Angst von allen Seiten. Die Angst vor einem unerfüllten Leben, weil sie versagte zu erkennen.

Die Angst griff nach ihrem Herz, schien es zusammendrücken zu wollen. Stella öffnete abrupt ihre Augen und schüttelte sich, als ob sie damit die Ängste abstreifen könnte wie ein Hund die Wassertropfen aus seinem Fell. Nachdenklich schaute sie auf das Blatt Papier neben sich. Das Formulieren zog sie weiter aus der Angst, hin in den Verstand, der schon neugierig war. Doch für die Fragen sollte auch das liebevolle, reife Selbst dabei sein, hatte Sabine geschrieben. Wieder schloss Stella die Augen und spürte nach dem starken, erwachsenen Teil in sich. Ihr Atem wurde langsamer und ruhiger. Ich frage mich, wie ich eine erfüllende berufliche Perspektive entwickeln kann? Ich frage mich, wie ich meine Talente beruflich ausdrücken kann? Ich frage mich, wie ich ein Umfeld schaffen kann, in dem ich meine Talente und Gaben voll einbringen kann? Ich frage mich, wie ich Erfüllung, Motivation und Begeisterung in meinem Tun entdecken kann? Gerade die letzte Frage fand Stella interessant. Vielleicht ging es nicht nur darum, was man tut, sondern auch darum, wie man etwas tut.

14.

Am nächsten Wochenende fuhr Stella nach Hause, ihre Mutter hatte Geburtstag und sich einen Familientag gewünscht. Ihr Vater und ihr Bruder fühlten sich am Abend für den Kamin und die Getränke zuständig, Stella half ihrer Mutter, Snacks herzurichten. – Richtig traditionell, dachte Stella. „Wie ist es eigentlich für dich, hast du nie einen erfüllenden Beruf in deinem Leben vermisst? Ich mein', dein Job schien dich nie wirklich zu begeistern. Dann wir: Windeln wechseln, kochen, putzen, Tom im Zaum halten, der Schulstress…" Ihre Mutter senkte die Hand mit dem Geschirrtuch, dann schaute sie Stella mit einem weichen Blick an. „Weißt du, ich hatte mir immer Kinder gewünscht, auch wenn es dir nicht so vorkommen mag, das ist eine sehr erfüllende Aufgabe für mich. Sicher, mitten drin gab es viele Momente, wo ich die Aussage nicht unterschrieben hätte. Natürlich ist Windelwechseln oder Putzen an sich keine tolle Aufgabe, doch es gab ja einen Grund dafür. Und dieser Grund motivierte. Ich wollte, dass es euch gut geht, uns gut geht, wir ein schönes Daheim haben. Dann macht man diese Aufgaben auch, na ja, gerne. Um das große Ziel zu erreichen. Und meine Arbeit? Sie ist nicht so spannend, aber es war für mich eine Chance, einen anderen Gehirnteil als 'Kinder' zu aktivieren. Und du darfst nicht vergessen, zu meiner Zeit waren Studium und freie Berufswahl für Mädchen, gerade auf dem Land, noch nicht so selbstverständlich. Es war für mich aber immer ein tolles Gefühl, einen eigenen finanziellen Beitrag zu unserem Leben leisten zu können. Ich wollte euch gut ins Leben bringen, dass ihr Chancen habt, die wir – auch dein Vater – nicht hatten. Und ich glaube, das ist mir gelungen. Was ihr daraus macht, das liegt an euch. Ich jedenfalls empfinde es als sehr erfüllend, euch jetzt so zu sehen."

Mit Tupperboxen beladen fuhr Stella zurück. „Du hast etwas gut bei mir, etwas Großes." Sie hatte lange drüber nachgedacht, was es sein könnte. Kim war so anders und sie wusste kaum etwas über ihn – wie bei Sabine. Jetzt hatte sie ihn zu sich zum Essen eingeladen. Dank der Boxen gab es ein mehrgängiges Menü. Diesmal war es Kim, der verlegen wirkte, trotz der Fassade aus Desinteresse und Schroffheit. Es war Stella, die das Gespräch am Laufen hielt, als ob seine und ihre Sicherheit entgegengesetzt waren. Als sie ihm Wein einschenken wollte, legte er seine Hand über das Glas. „Ich trink' Wasser." Nach dem Hauptgang fragte Stella vorsichtig: „Weißt du eigentlich etwas über Sabine? Sie hat mir nur geschrieben, dass es das Leben gut mir ihr meint und sie deswegen anderen etwas geben möchte, als Art Zurückgeben. Ihre Mails finde ich super interessant und hilfreich. Die Zeit, die sie sich nimmt, und dass sie so einfach ihr Wissen weitergibt... Ich würde ihr gerne etwas schenken – als Dank." Kim nickte leicht. „Hm, sie lässt nichts raus." „Vielleicht hab ich ja was übersehen." Stella reichte Kim ihren Laptop: „Du bist da schneller."

Selbst Kim brauchte etwas Zeit, er fuhr mit dem Cursor den ganzen Screen ab, wartete auf die Flashs. Nichts Neues. „Kannst du da mehr rausfinden?" Stellas Neugier war geweckt. „Ich spionier nicht in anderer Typen Leben!" „Sorry", sie biss sich auf die Unterlippe. „Wir könnten ihr Fotos von uns mailen." „Glaub nicht, dass ihr das wichtig ist." Kim hatte wieder diesen leicht spöttischen Blick. „Ich weiß nicht", Stella schüttelte leicht den Kopf, „hab' das Gefühl, sie würde sich freuen." Und dann sprudelte es aus ihr heraus, ihre Vermutung, die Nachforschungen. „Ich weiß, es ist hypothetisch..." Kim wirkte sehr nachdenklich.

Nach dem Mousse au chocolat stand Stella auf und holte ein Päckchen. „Vielleicht freut's dich ja. Danke für deine Hilfe." Sie hatte ein Buch über Quantenphysik und die Wirklichkeit gefunden. Kim schien nicht damit gerechnet zu haben, packte das Geschenk vorsichtig aus. „Wow, danke!"

„Wenn ich dir mal helfen kann, du mal was wissen möchtest oder so, mach ich gern." Stellas Worte schienen in Kim einiges auszulösen.

Als er gegangen war, dachte Stella über den Abend nach. Es war viel um Dankbarkeit gegangen. Sie holte ihren Laptop und gab „Dankbarkeit" ein. Es überraschte sie, dass erst seit kurzem Forschungen zur Dankbarkeit angestellt wurden. Arbeiten belegten, dass Menschen, die dankbarer sind, sich subjektiv besser fühlten. Dankbare Menschen seien glücklicher, weniger depressiv, weniger unter Stress und zufriedener mit ihrem Leben. Dankbare Menschen hätten mehr positive Möglichkeiten, mit den Schwierigkeiten in ihrem Leben umzugehen, bäten andere Menschen wahrscheinlicher um Unterstützung, wuchsen anhand dieser Erfahrung, versuchten weniger leicht, ein Problem zu vermeiden, fand sie bei Wikipedia. Ja, wenn sie für etwas dankbar war, fühlte sie sich besser. Aber hier schien es um mehr zu gehen, um eine Haltung. Sie wollte eh Sabine ein Foto mailen.

„Hi Stella, danke für dein Foto! Schön, dass ich jetzt auch ein Visual von dir habe, meine Idee von dir wächst. Deine Worte haben mich sehr berührt und sie passen super zum Thema. Ja, wissenschaftliche Arbeiten haben bestätigt, dass Dankbarkeit einen positiven Effekt auf das Leben hat. Dankbarkeit verhilft, ein Leben voller Freude zu leben. Du weißt, dass unterschiedliche Emotionen unterschiedliche Schwingungen haben. Einige Emotionen mit den höchsten Schwingungen sind Liebe, Dankbarkeit, Freude. Das sind Emotionen, die wir als schön empfinden, die wir gerne spüren. Dankbarkeit ist in unserem Leben ein wenig in Vergessenheit geraten. Ich meine damit nicht nur die Dankbarkeit für ein Geschenk oder eine Hilfe, die wir erhalten. Dankbarkeit umfasst mehr: Das Bewusstmachen, was wir alles in unserem Leben haben, das Staunen und Wertschätzen. Unsere Welt schaut viel auf den Mangel, auf das, was fehlt, was scheinbar nicht genügend da ist in unserem Leben. Und übersieht, was alles bereits da ist, die Fülle, den Überfluss, in dem wir leben. Wenn man innehält und darüber nachdenkt, was alles gut ist in unserem Leben, kommt eine Menge zusammen, was wir als vermeintlich selbstverständlich angesehen haben. Neben dem Materiellen kommt man schnell auf andere Bereiche: Liebevolle Beziehungen, Freundschaften, Gesundheit, der Arbeitsplatz oder die Möglichkeit, Bildung zu erhalten. Das Leben in einer recht gesunden Umwelt, die Jahreszeiten, Freiheit und Frieden. Wir leben auf der Sonnenseite und sind doch so unzufrieden. Lenken wir die Aufmerksamkeit vom Mangel auf die Fülle, was passiert dann energetisch? Fülle zieht Fülle an. Schau dir Bereiche in deinem Leben an, wo du dich schon erfüllt fühlst, spüre die Fülle und Dankbarkeit dafür. Deswegen wird auch empfohlen, sich immer wieder Dinge ins Bewusstsein zu rufen, für die wir dankbar sind. Das können auch kleine Dinge sein, eine liebevolle Geste, ein gutes Gespräch oder das Bemerken der ersten Frühlingsblumen, die durch die Erde brechen. Dieses Bewusstsein lässt uns zufriedener werden. Es lässt uns verbundener fühlen, gibt uns die Gewissheit, nicht allein auf der Welt zu sein. Dankbarkeit lässt uns Staunen über uns und unsere Welt. Wie faszinierend ist es, dass wir leben, dass unser Körper atmet, dass Blut zirkuliert, wir wachsen, dass die Natur den Zyklus des Wachsens und Vergehens jedes Jahr neu mit einer unglaublichen Kraft betreibt. Wenn wir uns dies bewusst machen, dann können wir dahin kommen, jeden Augenblick wertzuschätzen.

Ich bin dir dankbar für deine Fragen, nicht nur, weil ich dann meine Gedanken dazu weitergeben kann, sondern auch, weil sie mich immer wieder sanft hinlenken zu dem, was im Alltag gerne untergeht. Herzliche Grüße, Sabine."

Mit der Frühlingssonne war auch das frische Grün gekommen, Stella schwang sich auf ihr Rad und fuhr zu ihrem Lieblingsplatz an einem See. Sie schaute sich um, ja, es war schön hier, die Natur wirkte so friedlich und so – selbstbewusst. Wie von Zauberhand war die Natur, die im Winter so karg dagelegen hatte, als ob es keinen Neubeginn mehr geben könnte, verwandelt. Stella spürte die warmen Sonnenstrahlen, ein leichter Windhauch streichelte ihre Wangen. Es war, als ob die Natur ihr sagen wollte: Du bist ein Teil von uns. Die Sonne wärmt dich gerne, der Wind durchströmt dich als Atem gerne, die Erde trägt dich gerne. Stella schluckte, tiefe Dankbarkeit durchströmte sie. Alles war gut so, hatte seinen Sinn. Sie fühlte einen tiefen Frieden in sich. Die Dankbarkeit breitete sich in ihrem ganzen Körper aus. Stella schloss die Augen, um dem Gefühl besser folgen zu können. Das Gefühl wuchs in ihr, bis sie nicht mehr von Dankbarkeit erfüllt war, sondern die Dankbarkeit ihren Körper ganz von sich eingenommen hatte. Für einen kurzen Moment WAR sie Dankbarkeit. Die Energie, die sie dabei verspürte, war so intensiv, dass Stella sie nur kurz aushielt, als ob ein Stromschlag sie durchfuhr. Fast erschrocken riss sie die Augen auf. Das

Gefühl war überwältigend gewesen, Dankbarkeit als Essenz, wie machtvoll sie sich anfühlte. Stella holte tief Luft, das war etwas ganz Besonderes gewesen. Als ob etwas ihr zeigen wollte: Ja, es stimmt, vertrau. Wie benommen blieb Stella sitzen und versuchte zu verstehen. Ihr Verstand schien es nicht fassen zu können, zu klein zu sein, zu begrenzt.

15.

Die Zeit schien zu rasen. Arbeiten mussten abgegeben, Referate vorbereitet werden und die Bücherliste nahm kein Ende. Das Studentenleben wollte gefeiert und Freunde getroffen werden. Zwischendrin öffnete Stella immer einmal wieder Sabines Mails. Je mehr sie sich damit beschäftigte, umso mehr bekam sie eine Ahnung, dass ihre Antworten nicht auf dem üblichen Weg zu finden waren. Ihr Verstand scannte, suchte – erfolglos. Er war frustriert und ungeduldig, doch etwas in ihr war ruhig und sicher.

Dass alles grenzenlose energetische Information sei, war so unglaublich. Und bot ein unendliches Potenzial. Nur langsam konnte der Verstand akzeptieren, das zu verinnerlichen gelang Stella noch nicht. Sie merkte aber, dass sie offener wurde, die Möglichkeit zulassen konnte, auch wenn sie unklar war. Nur weil sie es nicht wirklich – annehmend – verstand, konnte es doch sein. Stella musste an Kim denken. Ob sie mit ihm reden sollte?

Sie fuhren zum See. Die Wiese lag etwas abseits, sodass sie in Ruhe reden konnten. Kim war noch nie hier gewesen. „Für mich ist das ein besonderer Ort, irgendwie energetisch", erklärte Stella. Kim sah sich schweigend um. „Danke." Sein Danke ermutigte Stella, die mit diesem Ort ihre Erfahrung der Dankbarkeit verband, und sie hatte das Gefühl, wenn sie jemandem dies erzählen könnte, dann Kim. Es war komisch, seit der Geschichte mit dem Penner war ein Vertrauen da, sie fühlte sich akzeptiert, seinem analytischen Blick folgten keine Wertungen. Das schien nur in ihrer Vorstellung so gewesen zu sein. Sicher, er war verschlossen und eher ruppig, aber das hatte nichts mit ihr zu tun. Sie begann zu erzählen, endete schließlich mit: „Dass alles(!) Energie sein soll - irgendwie stellt das meine Vorstellung vom Sein auf den Kopf. Ich schwimm' zwischen dem, was wir in der Schule gelernt haben und dem neuem Wissen". Kim kniff die Augen zusammen. „Ist ja auch heftig. Der Verstand will Beweise, und die sind ziemlich theoretisch. – Ich mein', wer kapiert schon, wie Internet technisch funktioniert? Deine Dankbarkeit, das ist, als ob das Universum dir zeigen wollte, dass es stimmt". „Hm – es war komisch, als ich da saß: Die Sonne schien, ein Wind wehte und ich hatte das Gefühl, Teil von allem zu sein. Und alles war so positiv zu mir. Klingt jetzt vielleicht blöd, aber es war, als ob die Sonne mir sagte, ich wärm dich gerne und die Erde, ich trag dich gerne. Als ob die Welt mir gerne hilft. Dieses Gefühl des Verbunden-Seins – oder des Eingebunden-Seins, lass es uns ausprobieren!" Stella schaute auf den See. Wie ein dunkler Saphir lag er da, das Sonnenlicht brach sich in der Oberfläche, glitzernd wie Diamanten, als ob See, Sonne und der leichte

Wind miteinander spielten, tanzten. Stella spürte Freude, Harmonie, Wohlwollen. Komisch, dachte sie, so ein altmodisches Wort. Sie entspannte, wurde sanfter, ließ den Blick in den See eintauchen. Er strahlte so viel Ruhe und Selbstbewusstsein aus. Es war, als ob ihr Herz dem See zulächelte. Und er zurück. Sie ließ alles los, Gedanken, ohne das Gefühl zu haben, inaktiv zu sein, konnte alles 'sein' lassen. Stella war fasziniert. Wie geborgen sie sich fühlte, ganz weich und offen, offen für einen Austausch, wie ein Dialog mit dem See. Er schenkte ihr das Gefühl, dass alles gut so ist, sie inklusive. Weise kam er ihr vor, voller Vertrauen, kraftvoll. Ihr Herz war berührt und dankbar, voller Frieden. Stella atmete tief durch. Wie sehr sie diesen Ort liebte!

Auch in Kim schien sich etwas abzuspielen, sein Blick schien versunken in die Berge, die hinter dem See als Kette das Bild umfingen. Schweigend saßen beide nebeneinander, jeder in seiner Erfahrung des Hier und Jetzt. Schließlich wandte auch Kim seinen Blick ab. „Krass!" Stella nickte. In Kim arbeitete es. „Wenn wir uns mit der Natur verbinden können und du Dankbarkeit warst, dann könnten wir auch andere Eigenschaften aktivieren: Mut, Weisheit, Stärke…" „Freude, Sicherheit, Liebe." Sie sahen sich an. Kim schien hellwach, seine Gedanken rasten. „Du verbindest dich, bist in dem energetischen Zustand dieser Eigenschaft und ziehst Entsprechendes in dein Leben." „Das war aber eher eine Starkstromleitung bei meiner Dankbarkeit, müsste etwas portionierter sein. Man soll doch in dem Gefühl bleiben, oder? – 100 Gramm Dankbarkeit bitte." Stella war genauso fasziniert von der Vorstellung. „Vielleicht kann man ja um etwas Dankbarkeitsenergie bitten oder etwas Mut, Energie. Warum nicht auch Kraft oder Reichtum?" Beide waren wie elektrisiert. „Da in den anderen Dimensionen Zeit und Raum keine Rolle spielen, vielleicht kann man ja auch Kontakt zu Einstein aufnehmen oder Aristoteles? Das wär mega!"

Zu Hause versuchte Stella ihre Gedanken zu ordnen, sie war so aufgewühlt, dass Schlaf keine Chance hatte. Wen würde sie gerne um Rat fragen, bei sich als Unterstützung haben? Wer war Weisheit? Die Göttin Sophia? Ob sie ihr bei ihrer Suche helfen könnte? Stella versuchte in sich einzutauchen, doch immer wieder tauchten die verschiedensten Gedanken auf. Ärgerlich auf sich selber schlief sie erst in den frühen Morgenstunden ein.

„Hi Stella, ja, das Gefühl, dass ihr zwei euch weiterbringen könnt, hat gestimmt! Du kannst alle möglichen Energien bitten, dich zu interstützen: Sogenannte Archetypen, die Eigenschaften, unbewusste Grundmuster oder instinktives Verhalten repräsentieren, Götter, die für den Bereich stehen oder Koryphäen und natürlich Eigenschaften selber. Wir tun uns nur oft leichter, wenn wir eine Verkörperung wählen als etwas Abstraktes. Deswegen wurden ja auch die Götter geschaffen von unseren Vorfahren. Wenn du etwas über deine berufliche Bestimmung wissen möchtest, überleg doch mal, wer das für dich repräsentiert? Wer kommt dir in den Sinn, wenn du an berufliche Erfüllung denkst? Und dann bitte ihn zu dir, lade ihn quasi ein, dich seine Energie spüren zu lassen und dich zu unterstützen. Das Eintauchen in die Energie macht dich vertraut mit ihr, denn da möchtest du ja hin. Der Verstand weiß um seine Begrenztheit, du kannst ihm Hilfe an die Seite stellen. So kann der Verstand sich ausdehnen, neue Möglichkeiten erkennen. Sei offen für Antworten, die dann in deiner Welt auftauchen im Außen oder im Innen hochpoppen. Das Universum mit all seinen Energien unterstützt dich. Erste Hinweise dafür hast du am See gefunden. Uns fällt es oft leichter, uns mit der Natur zu verbinden als mit anderen Menschen oder mit etwas in der Stadt. Die Natur urteilt nicht, wir können eher wir selber sein. Du kannst jede Menge Helfer, Unterstützer einladen, jedes Wesen, das dir in den Sinn kommt. Das hat dann seinen Grund. Wenn du magst, spiel damit, das lässt mehr zu als gedankliches Analysieren. Und wenn du magst, halte mich auf dem Laufenden. Ich finde deine Feedbacks sehr bereichernd. Herzliche Grüße, Sabine."

Gar nicht so einfach, fand Stella. Wer hatte in ihren Augen ein erfülltes berufliches Leben? Sicher, Mutter Theresa, aber das wollte sie dann doch nicht, es sollte schon etwas näher an ihrem Leben sein. Wenn man nicht weiß, was man sucht, wie soll man dann deren Repräsentanten finden? Vielleicht doch erst einmal die Archetypen und Götter mit ihren Eigenschaften. Ein wenig Internetsuche zum Auffrischen des Gedächtnisses und zur Anregung. Schnell stieß sie auf Carl Jung. Das war doch der, der mit Sigmund Freud zusammengearbeitet hatte, Psychoanalyse. Die Zeit flog dahin, während sie in die Welt der Träume und Mystik eintauchte und dann schließlich ganz in ihr versank. Sie träumte intensiv, doch als sie am Morgen versuchte, sich an den Traum zu erinnern, driftete er weg. Vielleicht sollte sie anfangen, ihre Träume aufzuschreiben.

In den nächsten Tagen suchte Stella weiter nach Figuren, die etwas für sie verkörperten, das sie gerne klarer spüren wollte. Berufliche Leidenschaft, etwas bewirken durch sein Tun, Lebensfreude. Ob Coco Chanel oder

Hermann Hesse, Apollo, Gott der Poesie und des Lichtes, oder Leonardo da Vinci, Marie Curie oder… Als Stella den Suchbegriff „Göttin der Erfüllung" eingegeben hatte, stieß sie auf die indische Göttin Lakshmi. Sie ist nicht nur die Göttin, die Archetypin der Schönheit und der Fülle, des Überflusses (materiell und immateriell), sie steht auch für Harmonie, geistiges Wohlbefinden, für moralische und ethische Werte, mentale Kraft und intellektuelle Stärke, Weisheit, Kreativität und Intuition, Leichtigkeit und Glück. Sie sei das Sinnbild für die Erfüllung unserer Wünsche. Wow, dachte Stella, wie praktisch, da hab ich ja ziemlich viel in einer Person. Mit ihr werde ich auf jeden Fall versuchen, mich zu verbinden. Bei Lebensfreude musste sie immer wieder an Kinder denken und an eine Nachbarin ihrer Eltern. Die Liste füllte sich.

Doch etwas anderes beschäftigte Stella auch in diesem Zusammenhang: Sie war stolz auf sich, vieles alleine zu schaffen, selbstständig zu sein. Das war die gute Seite, dass ihre Mutter nicht so viel Zeit für sie gehabt hatte. Nicht auf andere angewiesen zu sein, nicht um Hilfe bitten zu 'müssen'. Hilfe, das hatte so einen Touch von unfähig, von Abhängigkeit. Es widerstrebte Stella innerlich, diese Wesen" um Hilfe zu bitten.

Sie saß mit Mara vor dem Eiscafé, ließ das Eis auf der Zunge zerschmelzen, um den Geschmack ganz lange zu halten und blinzelte in die Sonne. „Hm, man kann das auch anders sehen." Mara wedelte mit ihrem Löffel nachdenklich vor ihrem Gesicht. „Mit der Hilfe von anderen kannst du Dinge schaffen, die du alleine nicht schaffen kannst, die dann also nicht wären. Andere um Hilfe zu bitten wäre dann kein Zeichen von Schwäche, sondern von Stärke und Vision.

Da fällt mir wieder die Geschichte von einer weisen Königin ein, die mich als Kind fasziniert hat. Sie war immer fürsorglich und hat jeden geachtet. Ihre Wünsche hat sie als Bitten vorgetragen. Die Königin wurde von ihrem Volk verehrt und geliebt und hatte einen großen Hofstaat. Wenn die sich um alles selber hätte kümmern müssen, das wäre ja gar nicht gegangen. So hatte sie ihre Helfer und konnte das tun, was sie am besten konnte – regieren. Und sie hat sich sicher nicht klein und unfähig dabei gefühlt." Mara lehnte sich zurück und ließ den Löffel gegen ihre Lippen wippen. „Oder mal andersrum. Wie fühlst du dich denn, wenn jemand dich um Hilfe bittet?" „Meistens gut. Nur manchmal geht es zeitlich nicht, aber das kann man ja sagen, oder halt bei den Ausnutzern, die nerven. Wenn wir das mal weglassen: Im Grunde finde ich es gut, wenn mich jemand um Hilfe bittet. Da gehört schon etwas Mut dazu und das Erkennen seiner eigenen Grenzen, und ich hab das Gefühl, als kompetent oder vertrauenswürdig angesehen zu werden. Wenn ich dann geholfen hab, dann ist da bei beiden ein gutes Gefühl, Freude, eine Verbindung. Ja, zu helfen ist eigentlich ein schönes Gefühl, das der andere mir durch seine Bitte ermöglicht. Danke!" Mara grinste: „Ich helf' doch gerne!"

16.

Einige Tage später rief Kim an und fragte, ob sie sich treffen könnten. Stella war erstaunt, freute sich aber. Sie verabredeten sich am See. Als

Stella kam, war Kim schon da. Sie spürte, dass es Kim nicht leicht fiel, das Gespräch zu beginnen. Da war Unsicherheit und wieder diese Verletzlichkeit. Kim starrte auf den See. „Ich hab viel nachgedacht – über Energiematch und so. Wenn ich glaub', dass ich anderen scheißegal bin und ihnen nicht vertrauen kann, werd' ich Szenen schaffen, die das bestätigen. Wär' besser, mit Menschen, bei denen es vielleicht anders ist, zu reden, damit diese Energie wachsen kann. Na ja, deswegen hab ich dich angerufen." Stella schluckte, sie ahnte, dass er sich weit vorgewagt hatte für seine Verhältnisse. Sie wollte ihn nicht enttäuschen. Kim strich sich durch die Haare. „Meine Mutter war lange krank, immer wieder im Krankenhaus, starb, als ich sieben war. Mein Vater hatte vorher schon Probleme, aber das hat ihn ganz aus der Bahn geworfen. Er soff nur noch. Ich wusste nie, wann mein Alter nach Hause kam und wie besoffen er dann war. Es war besser, sich zu verstecken, falls er wieder aggro war. Wurd' ein guter Beobachter und schnell selbstständig, aber – mit den Menschen hab ich's nicht so. Deswegen auch Computer." Stella schloss die Augen, das erklärte vieles. „Du musst dich ganz schön verlassen gefühlt haben von deinen Eltern. Wie solltest du dem Leben da vertrauen?" „Nur irgendwann muss man aufhören, das Kind seiner Eltern zu sein." „Weißt du, ich glaub, dass auch Vertrauen Zeit braucht, um zu wachsen, gerade, wenn es so erschüttert wurde wie bei dir. Das Misstrauen hatte ja einen Grund und lässt sich nicht einfach abschütteln. Und manchmal braucht es vielleicht auch Mut, Vertrauen zuzulassen. Sabine hat einmal die Metapher von einer Eichel genommen, die schon alles in sich hat, um zur Eiche zu werden. Dazu muss die Eichel aber ihre Schale aufplatzen lassen, die sie geschützt hat. Das, was einem hilfreich war, Schutz geboten hat, kann einem im Wachsen begrenzen." Stella blinzelte gegen die Sonne. „Dabei hab ich das Gefühl, dass du dir vertraust. Vielleicht ist das ein Ausgangspunkt, um im Vertrauen zu sein. Dass du erkennst, wem du vertrauen kannst." Eine Zeitlang schwiegen beide, in ihre Gedanken vertieft. Stella sah Kim als Siebenjährigen, allein mit seiner Trauer und verängstigt. Sie dachte an die Übung mit dem inneren Kind. Ob Sabine Kim auch diese Übung beschrieben hatte? „Ich hab mal irgendwo gelesen, dass einige unserer größten Begrenzungen in unserem Leben die Dinge sind, die wir als wahr ansehen, es aber nicht sind." „Unsere eigene Matrix, was?" Stella verstand nicht ganz, Kim zog die Augenbrauen hoch. „Der Film 'The Matrix'. Genialer Film, SciFi, der aber viel mit Philosophie-/Glaubensanspielungen arbeitet. Thema Realität: Ist die Welt, die wir jeden Tag erleben, real oder gibt es eine andere, echte, die dahinter liegt. Hauptfigur: der Hacker Neo. Er ahnt, dass etwas sein Leben lenkt. Künstliche Intelligenz hat die Herrschaft übernommen und den bewusstlosen Menschen, die ihnen als Energielieferanten dienen, wird ein Leben in einer Scheinwelt vorgespielt. Die Matrix ist die Computersimulation dafür. Neo gelingt es, aus der Matrix zu fliehen und die Wahrheit zu sehen. Von anderen entflohenen Rebellen lernt er, dass in der Scheinwelt der Matrix reine Willenskraft physikalische Gesetze brechen kann. Am Ende kann er die Matrix lesen und mit seinen Gedanken manipulieren. So wird er zum Erlöser, den die Rebellen gesucht haben. Er beschließt, in der Matrix, also der Scheinwelt, zu bleiben und dort den Menschen eine Welt ohne Grenzen zu zeigen, eine Welt, in der alles möglich ist."

Das Semester ging zu Ende. Gleich am Beginn der vorlesungsfreien Zeit fuhren Mara und Stella nach Italien zelten. Dolce far niente und dolce vita, Sonne, Lebensfreude und Leichtigkeit. Mit Mara zu verreisen schien wie ein Garant dafür. Stella wusste einfach, dass es schön werden würde. Entspannt lagen sie am Strand, Mara döste und Stella ließ ihren Blich schweifen. Sie dachte über Vertrauen nach. Das Gespräch mit Kim hatte Fragen zu ihrem Vertrauen aufgeworfen. Dass das Universum das 'liefert', was gleich schwingt mit dem, was sie aussendete, konnte sie verstehen. Dass das Universum sie so unterstützt – na ja, etwas mehr Wohlwollen wäre nicht schlecht. Stella fand, dass sie sich schon ziemlich bemühte, ihre berufliche Perspektive zu erkennen, doch bis jetzt war sie ihr nicht klar. Wenn mein Leben nicht so ist, wie ich es möchte, dann sende ich doch 'falsch' aus. Oder das Universum und ich haben ein Kommunikations-problem.

Sie schaute aufs Meer, als sich etwas zu verändern begann. Vor das Bild, das sie sah, schob sich ein anderes. Der Strand war auf einmal leer, nur sie saß weiter so da. Auch den Lärm der spielenden Kinder und die Musik hörte sie nicht mehr. In der Ferne sah sie etwas Dunkles, wie ein breites Band am Horizont. Das Band kam näher. Stella begriff, dass es eine Tsunamiwelle war. Doch sie blieb ganz ruhig. Den Gedanken wegzulaufen schüttelte sie gleich ab. Es war, als wüsste sie, dass sie nicht fliehen musste. Vertrau, schien eine Stimme in ihr zu sagen. Die Tsunamiwelle kam näher, eine dunkle Wand, die alles einnahm. Wie wird es sein?, fragte der Verstand. Stella wusste es nicht, hatte aber auch keine Angst. Die Welle schoss über sie, Stella tauchte in das Wasser ein, ganz ohne hochgewirbelt zu werden.

Eine Luftblase umschloss ihren Oberkörper, sodass sie weiter- atmen konnte. Ruhig beobachtete sie die Wassermassen um sich. Einen kurzen Moment ergriff sie Panik, als ihr der Gedanke vom Rücksog kam. Würde er sie mit ins Meer reißen und sie doch noch ertrinken? Vertrau. Sie war wieder ruhig. Das Wasser floss zurück, ganz sanft, sie spürte nur ein sanftes Streicheln um ihre Füße. Stella saß genauso wie vor der Welle da, nichts war ihr geschehen.

Die Erfahrung war unglaublich intensiv gewesen. Wie benommen blieb Stella sitzen. So eine tiefe Ruhe und solch ein Vertrauen hatte sie noch nie vorher in sich gespürt. Es war, als ob das Universum ihr geantwortet hatte: Vertrau mir und du bist sicher.

Die Tage flogen dahin. In Mara und Stella wuchs die Sehnsucht nach einem richtigen Bett und eigenem Bad. Am Strand liegend wollten Mara und Stella wissen, was hinter dem Felsvorsprung am Ende der Bucht war. Sie kletterten über Felsbrocken, sich den Weg suchend. Maras Fuß rutschte auf einem glitschigen Stein ab, sie verlor das Gleichgewicht, fiel zwischen die Steine. Ein Schrei. Stella versuchte so schnell wie möglich zu ihr zu kommen. Beim Sturz hatte sich Mara die Schulter geprellt, an den scharfen Muschelkanten aufgeschnitten, blutete an Armen und Beinen und ihr Fuß steckte fest. Unter Schmerzen konnten sie ihn aus der Spalte ziehen. Auf Stella gestützt versuchten sie den Rückweg. Zwei Italiener kamen ihnen zur Hilfe. „Mamma mia, che brutta!" Sie fuhren Mara in die nächste Ambulanz. Während Mara verarztet wurde, kümmerten sich die beiden um Stella, die noch etwas geschockt war. Es waren echt lässige Typen, total gut drauf, Stella musste einfach mitlachen. Zum Glück waren Maras Verletzungen nicht so schlimm, wie es zunächst ausgesehen hatte. Ihr Fuß war bandagiert und sie sollte ihn einige Tage schonen. Die beiden Italiener diskutierten kurz miteinander. Stellas Italienischkenntnisse reichten nicht aus, um folgen zu können. Auf Maras Fuß zeigend erklärte Silvio, dass es schwierig auf dem Campingplatz für Mara wäre. Sie wären im Sommerhaus von seinen Eltern ganz in der Nähe und hätten ein kleines Poolhaus für Gäste, da könnten sie gerne die nächste Zeit wohnen. Ein kurzer Zwischenstopp zum Zeltabbrechen und ab ging es zum Sommerhaus. Mara und Stella hatten eine super Zeit mit der ganzen Clique von Silvio und Fabricio. Als sie schließlich abreisten, grinste Mara: „Dafür würd' ich glatt noch mal zwischen die Felsen rutschen." Dann blickte sie zu Stella: „Aber eigentlich: It's your turn!"

17.

„Hi Stella, du hast mich nach deinen Sehnsüchten gefragt. Sehnsucht ist für mich das Interesse an etwas, was sich in mir zeigen möchte. Was mich nicht interessiert, ziehe ich auch nicht an, auch wenn alles da ist. Wenn wir unsere Sehnsucht bemerken, dann erhält sie unsere Aufmerksamkeit, wir nähren sie, sodass sie stärker wird, wächst. Wie bei einem Embryo.

Irgendwann ist er so groß, dass er hinausdrängt. Deine Sehnsüchte sind Hinweise zu deinem Wesen, sie kommen aus ihm. Wir haben darüber, glaube ich, schon einmal gesprochen. Sehnsüchte sind eng verflochten mit unseren Herzenswünschen. Oft stehen sie hinter den Herzenswünschen. Beispiel: Als Teenager wolltest du vermutlich uuunbedingt bestimmte Kleidungsstücke haben oder technische Spielzeuge, die gerade total angesagt waren – ein absoluter Herzenswunsch damals. Ging es wirklich um das T-Shirt, die Jacke, das Handy oder das Nintendo? War es nicht eher der Wunsch, dazuzugehören, anerkannt zu werden, die Sehnsucht nach Verbundenheit? Was gabst du dir selber nicht, das du meintest, von anderen bekommen zu müssen? Wollest du die Akzeptanz von anderen, weil du sie dir selber (noch) nicht geben konntest? Du weißt, alles ist in dir. Du bist ganz, vollkommen, du brauchst nichts von außen. Das, was andere dir geben, kann ein wunderbares Sahnehäubchen sein, notwendig ist es nicht. Wenn du dich selber respektierst, brauchst du den Respekt von anderen nicht, wenn du dich selber liebst, brauchst du keine Liebe von anderen, auch wenn es so gut tut, beides von anderen zu erhalten. Da ist sie wieder, die Selbstliebe. Noch ein Beispiel: Hinter dem Wunsch nach einem eigenen Haus können z.B. ganz verschiedene Sehnsüchte stehen: Sicherheit, Freiheit/Unabhängigkeit, sich respektiert und geliebt zu fühlen, anderen einen Ort der Geborgenheit zu geben. Es kann hilfreich sein, sich seine Wünsche anzuschauen, um die damit verbundenen Sehnsüchte herauszufinden. Diese Sehnsüchte geben dir wieder Hinweise zu deinem Wesen. Was ist dir wichtig, was motiviert dich, was möchtest du ausdrücken. Bei deinen tiefsten Sehnsüchten geht es nicht darum, etwas zu bekommen, sondern etwas zu verkörpern. Das soll jetzt keine Abwertung anderer Motivationen sein, alles hat seinen Platz. Also, wenn du magst, schreib doch einmal deine Wünsche auf, es können auch materielle sein, und dann frag dich, warum du das haben möchtest. Frag so lange weiter, bis du an den Kern gekommen bist, den eigentlichen Grund. Diese Gründe liegen in dir, nicht im Außen. Es geht nämlich darum, diese Qualität, die du dir wünschst, in dir selber zu aktivieren. Also: Ist der Grund, weil du dich geliebt fühlen möchtest, dann geht es darum, die Selbstliebe in dir zu stärken, wenn du dich frei fühlen möchtest, an dieser Qualität innerlich zu arbeiten – wo beschränkst du dich selber? Wenn du dich sicher fühlen möchtest, wie kannst du mehr Sicherheit in dir selber schaffen? Hast du deine Liste heruntergebrochen, dann schau, ob du wiederkehrende Gründe hast. - Ein guter Hinweis auf das, was entwickelt werden möchte. Die Liste hat einen Zusatzeffekt: Wenn dir klar ist, welche wirklichen Bewegründe du hast, dann fallen die falschen weg, die, die du dir als Bestätigung deines Wertes vom Außen wünschst. Was du dir wirklich wünschst, ist vorrangig eine innere Erfahrung, eine 'Seins-Qualität' wie Vertrauen, Sicherheit, Fülle im Überfluss.

Da du ja in Resonanz mit dem Universum/Leben bist, kannst du es auch so sehen: Wenn man einen Herzenswunsch spürt, dann ist dies die Reflektion des Universums, dass dieser Wunsch durch dich ausgedrückt werden soll. Die Sehnsucht ist das Echo, das das Leben schuf, damit du das ausdrückst. Da die Sehnsüchte so tief mit unserem Wesen verbunden sind, verstehe ich deine Frustration nur zu gut, das Gefühl, dich, eben dieses Wesen, nicht zu leben. Nur aus diesem Gefühl heraus, dem Blick auf den Mangel, wirst du bestmögliche Entwicklungen nicht anziehen. Wenn du mit dem Hier und Jetzt im Reinen bist, dann kannst du Wünsche und Sehnsüchte als Wachstumshilfe, als Motivation annehmen. Wie immer von Herzen, Sabine."

Das Fenster ihres Apartments weit geöffnet, saß Stella mit ihrem Laptop davor und ließ sich die Sonne ins Gesicht scheinen. Die Sonnenstrahlen tanzten vor ihren geschlossenen Augen, während die Wärme wie eine übergroße Umarmung war, wie eine Decke, in die sie sich einkuschelte. Es tat einfach nur gut. Sie hatte lange an einer Semesterarbeit gearbeitet und wollte mit der Liste anfangen, eine kurze Pause zum Umschalten. Als Stella die Augen wieder öffnete, hatte sich ein Schmetterling aufs Fensterbrett gesetzt. Die Flügel zitterten leicht, während er zu pumpen schien. Stella beugte sich vorsichtig etwas vor, um ihn genauer zu beobachten, doch er blieb sitzen, als ob er sagen wollte, ich habe keine Angst, ich vertrau dir. Du hast Deine Metamorphose schon hinter dir, dachte Stella, und wahrscheinlich dabei null Idee gehabt, was du wirst. Ich hab das Gefühl, erst an meinem Kokon zu weben.

Nach einer Weile begann sie mit der Liste. Zunächst die Wünsche. Die ersten kamen impulsiv, zuerst natürlich die berufliche Erfüllung, dann meistens materielle. Schnell hatte sie die erste Hälfte der Seite gefüllt. Stella wurde nachdenklicher, als ob sie tiefer in sich graben würde. Wieder schloss sie die Augen, diesmal, um in sich hinein zu spüren. Es tauchten Wünsche auf, die weniger materiell waren, Wünsche nach Geborgenheit, Freiheit, als 'sie selbst' angenommen, gesehen zu werden, auch einiges, das eher ein Abenteuer war, in den Anden trekken oder Fallschirmspringen. Was steckte hinter den Wünschen? Wunsch für Wunsch wurde seziert. Langsam zeichnete sich ein Muster ab. Einiges überraschte Stella, wie wichtig ihr das war, anderes war eher eine Bestätigung. Die Liste speicherte sie in ihrem Sabine-Ordner. Stella überflog die Liste der Dokumente: Die E-Mails, ihre Aufzeichnungen zu den Übungen, da war ihre Tsunami-Erfahrung, Stichworte zu Träumen… Das ein oder andere klickte Stella an, doch es wollte keine klare Antwort auftauchen. Stella musste daran denken, was Kim gesagt hatte, also eigentlich Einstein: dass man Probleme nicht auf der gleichen Ebene lösen könne, auf der sie entstanden sind. Come on, show me the way!

Sie surfte noch etwas im Internet und stieß auf eine Seite mit einem freien Videokurs. Fragen sind die Schlüssel, um Türen zu neuen Möglichkeiten zu öffnen. Ohne sie würde man weder die Türen erahnen, geschweige denn sie sehen, von öffnen gar nicht zu reden. Fragen zu beantworten heißt, sie in ihrem Potenzial zu begrenzen. Stella runzelte die Stirn. Sie wollte doch Antworten! Aber es klang trotzdem irgendwie stimmig. Antworten im üblichen Sinn stellen eine Möglichkeit dar. Wir kennen aber nicht alle Möglichkeiten, sondern suchen unsere Antworten aus dem uns bekannten, begrenzten Wissen heraus. Das ging in Richtung von dem, was Sabine geschrieben hatte. Offene Fragen, also keine Ja-/Nein-Fragen stellen. – Wie kann ich etwas ändern? Oder kann ich es überhaupt ändern? Was kann ich damit machen? Geht's noch besser als so? Die letzte Frage war gut. Nur dass die Antworten eben nicht als klassische Antworten daherkommen, sondern als Energie, ging es weiter. Was sich für einen wahr anfühlt, das fühlt sich leicht an, was falsch, schwer. Und dann gibt es ja noch die 'Zufälle', die eigentlich keine sind, sondern eben Antworten auf die Energieschwingung. Stella schaltete den Laptop aus und ließ sich ins Bett fallen.

Im Traum sah sich Stella auf einer großen Bühne stehen. Wie in einem Theater. Ein Rednerpult, doch sie referierte frei, ging auf der Bühne hin und her. Es war ein großes Publikum, das ihr konzentriert zuhörte. Sie wirkte selbstsicher und irgendwie voll überzeugt, als ob das, was sie zu sagen hatte, ganz wichtig war. Als Stella aufwachte und sich an den Traum erinnerte, lief ihr innerlich ein Schauer runter. Sie war eher ein introvertierter Typ, vor einem Publikum auf der Bühne zu stehen und zu referieren – that's freaks the hell out of me! Andererseits – es fühlte sich aufregend an! Stella war verwirrt, irgendwie kam ihr der Traum bekannt vor.

Sabines Mail ließ auf sich warten. War sie vielleicht verreist – oder war sie…? Stella war erleichtert, als sie schließlich Sabines Antwort in ihrem Account fand.

„Hi Stella, Träume können sehr gute Hinweise geben zu deinen Sehnsüchten und Wünschen. Ein Traum kann auch eine Umschreibung einer Vision sein, die du in dir trägst, mehr oder weniger direkt in der Aussage. Der Traum, den du mir beschrieben hast, kann ein Hinweis sein, dass du tatsächlich den Wunsch in dir hast, auf der Bühne zu stehen und ein Publikum in den Bann zu ziehen. Es kann aber auch symbolisch gemeint sein, dass du eine Message verbreiten möchtest, in welcher Form auch immer. Spiel ruhig mit deinen Träumen, bis sie sich stimmig anfühlen.

Um deine Berufung zu verwirklichen, musst du erst einmal eine Vision von deinem Leben erspüren. Ich glaube, ich sollte den Begriff definieren, so wie ich ihn verstehe, damit du weißt, was ich meine oder auch nicht. Wir denken bei einer Vision oft an eine Zukunftsvoraussage, aber das ist keine Vision, sondern eine Prophezeiung oder Prognose. Sie basiert auf logischen Ursache-Wirkung-Schlüssen und kann jederzeit geändert werden. Oft wird eine Vision auch als etwas angesehen, was man selber kreiert aus dem, was wir glauben, das uns erfüllt. Aber auch das ist in meinen Augen keine Vision, sondern eine Imagination. Eine Imagination basiert auf dem, was wir bereits wissen, ist also sehr begrenzt. Eine wirkliche Vision kann nicht von uns geschaffen oder verändert werden. Sie ist in einem Teil von uns, der jenseits vom Verstand oder unserer Erfahrung liegt. Ich versuche es einmal anders zu umschreiben: Eine Vision ist nicht ein Bild davon, was in der Zukunft sein wird, sondern ein Bild von dem, was in der zeitlosen Dimension deines Bewusstseins ist, wie eine weitere (im Sinne von größere) Perspektive von etwas. Und noch ein Punkt mag dir helfen: Eine Vision ist nicht statisch, sondern sie transformiert. Was meine ich damit? Die Vision ist in dir wie auch alles, was du brauchst, sie zu verwirklichen. Die Energie der Vision treibt dich an, Menschen mit einer Vision haben eine Art innere Leidenschaft, diese Vision zum Leben zu erwecken, sie finden Wege, Lösungen, denken neu, fühlen und handeln anders. Solche Menschen handeln mehr und mehr unabhängig von den äußeren Umständen, weil sie sich mehr und mehr auf ihre inneren Fähigkeiten verlassen. Diesen Fähigkeiten können sie vertrauen, die äußeren Umstände können sich jederzeit ändern, zum Guten oder Schlechten. Menschen mit einer Vision geht es weniger darum, etwas im Außen zu erhalten, anzu-häufen, sie wollen etwas ausdrücken, was aus ihrem Wesenskern kommt. Du versuchst nicht mehr 'etwas' geschehen zu lassen, sondern den Boden zu bereiten, damit dieses 'Etwas' durch dich entstehen kann. Es ist also eine Arbeit von innen nach außen. Zunächst stellst du eine Verbindung zu diesem Samenkorn an Potenzial in dir her und kultivierst den inneren Acker, damit das Samenkorn in dir wachsen kann. Diese Verbindung, was kann sie sein? Intuition, Weisheit (damit meine ich ein 'inneres Wissen', dass nicht durch Logik, Beweise und Schlussfolgerungen Bestand hat, sondern einfach durch sein Da-Sein, etwas, das hochpoppt, und du weißt, spürst, dass es stimmt), Eingebung. Diese Verbindung kannst du leichter herstellen, wenn du entspannt und positiv offen bist, am besten aus der Dankbarkeit, was alles schon ist. (Wir sprachen ja schon einmal darüber: Freude, Liebe, Dankbarkeit, Staunen, …). Der Verstand hört auf zu denken und auf einmal, wie aus dem Nichts, ist etwas da – eine Antwort, eine Lösung oder etwas, dass dich in eine neue Richtung zieht. Pain pushes until the vision pulls.

Um die Intuition und Weisheit zu aktivieren, kannst du dich mit Fragen annähern. Fragen wie etwa: Was ist die Idee zu diesem Teil meines Lebens? Wie fühlt sie sich an, wie sieht sie aus, was ist die Essenz? Was möchte sich durch mich und als mich ausdrücken? Offene Fragen, die den Verstand umgehen. Dir fallen sicher noch eigene ein. Das, was sich stimmig für dich anfühlt, nimm an, anderes lass weg.

Ok, das war, glaube ich, genug für heute. Es ist schon komisch, dass es für alles Worte gibt, aber für das, was uns ausmacht, unseren Wesenskern betrifft, da ringe ich, weil auch dieser Teil jenseits der Worte zu sein scheint.

Auch wenn nicht alles klar rüberkommt, ich weiß, es fällt bei dir auf fruchtbaren Boden ... AL, Sabine."

Ja, dachte Stella, da versuch' ich mit dem Verstand etwas herauszufinden und zu begreifen, was jenseits des Verstandes ist. Warum ist das alles nur so kompliziert? Ich glaub' einfach nicht, dass das Leben kompliziert gemeint ist. Sie war eh mit Mara verabredet, ihre Leichtigkeit würde ihr jetzt guttun.

Die Sonne am Fluss genießend, lagen sie auf der Wiese. „Wie ist es, wenn du dich im Beruf siehst? Was hast du da für ein Bild, eine Vision und wie fühlt es sich an?" Mara überlegte: „Hm, es ist nicht wirklich konkret, ja es gibt Szenen, aber die sind eher symbolisch. Ich kann dir noch nicht sagen, wie oder was es genau sein wird. Das ist auch irgendwie nicht wichtig. Wichtig ist, dass es sich richtig anfühlt. Es kann sein, dass ich mal ins Ausland gehe – Ärzte ohne Grenzen, vielleicht sind's auch Studien, die ich mach'. Who knows? Ich weiß, dass ich Kindern helfen möchte, dass ich heilen möchte. Das Studium ist ein logischer Schritt, ich weiß, wofür ich es mach, danach seh' ich weiter. Es wird sich schon was Passendes finden. Wie es sich anfühlt? Stimmig, gut. – Mag jetzt bescheuert klingen: Es soll so sein." „Also ist es nicht wirklich konkret jetzt?" Stella hörte konzentriert zu, in ihr ratterte es. „Nein, da gibt's verschiedene Möglichkeiten und vielleicht noch mehr, die ich jetzt noch gar nicht weiß. Da trifft man Leute auf 'nem Kongress, neue Forschungen eröffnen neue Perspektiven, es findet sich schon das Richtige für mich – das weiß ich einfach." „Aber das ist eine andere Art von Wissen. Nicht ein Verstandeswissen, oder?" Maras Augen leuchteten: „Nein, das ist einfach da, ich weiß es, kann es aber nicht wirklich begründen, es ist eher intuitiv." Stella spürte wieder die Sehnsucht in sich, so möchte sie es auch spüren. „Fühlst du dich irgendwie – wie könnte ich es ausdrücken? – gezogen von deiner Vision? Motiviert ist mir zu schwach." Mara verstand, wiegte den Kopf, als ob sie in sich hineinspürte, dann nickte sie. „Hast du nie Zweifel?", fragte Stella weiter. „Doch, es ist schon so, dass ich manchmal das Gefühl hab, die Vision ist 'ne Nummer zu groß für mich, auch wenn sie so vage ist. Ich weiß, das hört sich jetzt widersprüchlich an. Und vor manchen Klausurterminen werd' ich schon unsicher, ob ich das schaff', das Studium ist schon taff. – Ich zweifle nicht an der Vision, eher an meinen Fähigkeiten. Aber etwas in mir treibt mich weiter. Und dann klappt's auch, geht weiter." „Klingt, als ob die Vision dich herausfordert." Mara lachte: „Ja, manche Dinge hätte ich ohne sie bestimmt nicht gemacht. Da springt man schon mal über seine Grenzen." Stella holte die Weinflasche, die sie zum Kühlen in den Fluss gelegt hatten, heraus: „Auf die Heldin!"

Ihre Gedanken rasten, als ob das Gespräch ein Squashcourt wäre und die Gedanken der umherfliegende Ball. Vielleicht sollte ich eine Heldin virtuell um Unterstützung bitten? Sie um Mut bitten, mich meiner Vision zu stellen? Oder Sherlock Holmes, – nein, der ging ja mit dem Verstand ran. Ob Kim eine Vision hatte? Wenn ja, welche? Und Sabine? Etwas weiß ich ja schon von meiner Vision. Wie viel muss ich wissen, sehen von ihr, um sie zu erkennen, zu verstehen? Eben – Verstand – beiseite lassen. Stella atmete aus, rieb sich das Gesicht und legte sich wieder hin. Genug!

Als später noch Freunde kamen, war es Mara, die Kris fragte: „Sag mal, hast du eigentlich eine Vision für dein Leben?" Kris sah sie irritiert an. „Klar doch, fettes Konto, Ferrari, krasse Villa." Stella und Mara prusteten los. „Du brauchst, glaub ich, erst mal 'ne Hirnkühlung", und schon war die Wasserschlacht im Gange.

18.

Das Visionsthema ließ Stella nicht los. Sie zögerte, schließlich schickte sie Kim eine SMS.

„Ich bin an dem Thema Vision von mir dran", begann Stella, als sie auf der Bank saßen, wie beim Mal mit dem Fahrraddieb. „Ich kapier: Eine Vision ist etwas in uns, jetzt, nicht ein Ziel, das wir im Außen und in der Zukunft erreichen wollen. Eine Vision ist auch nicht so konkret wie ein Ziel, da ist Spielraum für das Wie. Es ist irgendwie die Idee, wie wir sein könnten, wenn wir – unser Potenzial einbringen? Sabine spricht vom Wesenskern, den wir ausdrücken. Ich versuch etwas zu verstehen, was der Verstand offensichtlich nur begrenzt greifen kann." Stella strich mit beiden Händen durch ihre Haare, zögerlich, als ob das Streifen ihren Gedankenfluss darstellte. „Hast du eine Vision für dich, von dir?" „Was würde es dir helfen?" Kein Sarkasmus. „Sag ich Ja, fühlst du dich unfähig, bei Nein vor einer kaum lösbaren Challenge. Du spürst deine Vision? – Vertrau." „Vertrauen", Stella nickte nachdenklich. "Je mehr ich die Zusammenhänge verstehe, desto mehr vertrau ich dem Universum. Das Gesetz der Anziehung gleicher Schwingungen ist so logisch und klar. Nur, wenn das Universum mir das 'liefert', was ich aussende, und meine Welt ist nicht so, wie ich sie mir wünsche, dann sende ich doch falsch aus. Irgendeinen Scheiß halt statt meiner Vision. Vertrauen in mich? Anscheinend bin ich doch unfähig?" Sie schluckte. „Warte". Ihre Hände schienen die Zeit anhalten zu wollen. „Ich bin unfähig, nicht gut genug. Glaubenssatz. Ok – danke!" Kim grinste: „Bist du immer so krass zu dir? Wenn das deine Selbstliebe ist, dann: Deine armen Freunde!"

Stellas Blick wanderte zu der Stelle, wo sie beim letzten Mal ihr Fahrrad angeschlossen hatte. Kims Satz fiel ihr wieder ein. „Damals", und sie nickte in Richtung der Stelle, „hast du gesagt, du hättest es auch für dich getan. Wie für dich?" Kim blickte auf den Boden. „Hat mit der Vergangenheit zu tun." Er wollte abwiegeln, als sei es belanglos, doch Stella griff spontan den Arm. „Ich glaub', dass es wichtig für dich ist." „Du lässt auch nicht locker, oder?" Jetzt war es Stella, die grinste: „Du hast doch selber gesagt, deine armen Freunde!" Einen kurzen Moment konnte sie Kims Freude spüren, dann ein abwägender Blick aus seinen Augenwinkeln zu ihr. Kim atmete tief ein. „Mein Vater war ein Alk. Es war nie Geld da, hat er alles versoffen. Als ich neun wurde, hat mir meine Tante einen Nintendo geschenkt. Das war für mich das Größte. Einmal war ich so in einem Spiel drin, dass ich ihn nicht gehört hab. Er ist auf mich los, hat den Nintendo genommen und in die Ecke geschleudert und mich verdroschen. Da hab ich mir geschworen, dass ich mir nichts mehr wegnehmen lass. Hab angefangen mit Kampfsport. Super Trainer. Hat mir viel gezeigt, wie ich mit meiner Wut umgehen kann, Respekt und so. Als dann der Typ dein Fahrrad klauen wollte, das war wie damals, nur dass ich jetzt nicht mehr hilflos war." Tränen schossen in Stellas Augen. Kim sah es. „Hey, ist mein Thema. Ok?" Sie schluckte. „Du hast verdammt viel mitgemacht." „Tja, da war ich wohl noch unfähiger als du beim Wünschen." Stella schaute ihm fest in die Augen. „Wenn ich dir helfen kann (vielleicht nicht gerade beim Wünschen) oder du reden magst – ich bin da. Das sag ich, weil ich viel von dir halte. Und vielleicht hilft ja auch gemeinsames Wünschen." Sie gingen zurück zu ihren Rädern. Vorm Losfahren drehte sich Stella noch einmal zu Kim. „Annehmen ist kein Zeichen von Schwäche, sondern von Stärke und dem Willen, weiterzukommen."

Abends piepste ihr Handy. „Danke, K".

Wenn ich die Sehnsucht nach etwas in mir spüre, dann ist dies Etwas in mir schon aktiviert. Der Gedanke motivierte Stella. Blockierte sie sich vielleicht selber? Wollte ihr Ego sie in Sicherheit, in ihrer Komfortzone halten und konnte sie daher ihre Vision nicht erkennen? War da Angst? Mara hatte etwas von „es fühlt sich fast eine Nummer zu groß an" gesagt. Hatte sie Angst, sich ihrer Vision zu stellen, sie anzunehmen? Stella fühlte sich in einem Niemandsland. Sie spürte, dass sie einerseits nicht mehr die Opferrolle akzeptieren konnte, sie war kein Opfer der Umstände, denn sie hatte diese ja selber geschaffen. Andererseits – was bedeutete das wirklich, selber erschaffen? Ich erschaffe mir meine Welt. Aber ich erschaffe mir doch keine Hungersnöte, Kriege, Naturkatastrophen!

„Liebe Stella, nein, wir erschaffen nicht als Einzelpersonen Naturkatastrophen, globale Krisen etc. Wir senden unsere Gedanken, Wünsche und Gefühle aus. Diese Schwingungen summieren sich. Und so kann ein einziger Gedanke theoretisch das Fass zum Überlaufen bringen, der Schlag eines Schmetterlingsflügels quasi einen Wirbelsturm auslösen. Wir entscheiden uns jeden Augenblick, wie wir mit der momentanen Situation umgehen, welchen nächsten Augenblick wir aktivieren, in unser Leben ziehen. Dies ist eine schöpferische Aktion. Das bedeutet, dass wir die Macht haben über den Verlauf unseres Lebens. Diesen Gedanken zu akzeptieren, anzunehmen ist für viele nicht leicht. Das ist die Übernahme der Eigenverantwortung mit den Konsequenzen. Wenn dein Leben nicht so ist, wie du es möchtest, liegt es an dir.

Macht. Was bedeutet sie für dich? Ich hatte ein Thema mit Macht: Assoziationen wie Machtmissbrauch, Unterdrückung, Egoismus. Doch das sind Belegungen von mir. Macht ist an sich neutral in seiner Ausprägung. Ob wir sie zum Guten oder Schlechten einsetzen, ist unsere Entscheidung. Ich musste mir auch klar machen, dass ich die Macht eh habe, sie gar nicht ablegen kann, wegschieben, es also darum geht, wie ich sie nutze. Macht ist nicht etwas im Außen, sie ist in uns. Ich kann versuchen, sie zu ignorieren, doch damit gerate ich in einen Zwiespalt, wenn ich das Wissen über die Zusammenhänge und das Wirken der energetischen Schwingungen habe. Es gibt eine Stelle in dem Buch „A Return To Love" von Marianne

Williamson, die Nelson Mandela bei seiner Antrittsrede als Präsident von Südafrika zitiert hat, die dies gut widerspiegelt:

'Unsere größte Angst ist nicht, unzulänglich zu sein.

Unsere größte Angst ist, grenzenlos mächtig zu sein.

Unser Licht, nicht unsere Dunkelheit, ängstigt uns am meisten.

Wir fragen uns: Wer bin ich denn, dass ich so brillant sein soll?

Aber wer bist du, es nicht zu sein?

Du bist ein Kind Gottes.

Es dient der Welt nicht, wenn du dich klein machst.

Sich klein zu machen, nur damit sich andere um dich herum nicht unsicher fühlen,

hat nichts Erleuchtetes.

Wir wurden geboren, um die Herrlichkeit Gottes, der in uns ist, zu manifestieren.

Er ist nicht nur in einigen von uns, er ist in jedem Einzelnen.

Und wenn wir unser Licht scheinen lassen,

geben wir damit unbewusst anderen die Erlaubnis, es auch zu tun.

Wenn wir von unserer eigenen Angst befreit sind,

befreit unsere Gegenwart automatisch die anderen.'

Eine starke Aussage, oder? Wir sind es so gewohnt, dass andere uns sagen, was wir tun sollen, was gut ist, uns klein halten, doch wozu dient es, wem ist damit konstruktiv geholfen? Die eigene Macht zu akzeptieren ist für mich ein Prozess. Der Verstand kann es zwar nachvollziehen, die Integration dieses Gedankens braucht aber Zeit. Und dann kommt der innere Kritiker, die Frage, kann ich meine Macht handeln? Es gibt kein falsch, keinen richtigen Weg. Wir sind genau hier, um eben diese Erfahrung zu machen. Das Universum (in dem Text von Marianne Williamson 'Gott' genannt) ist darauf ausgerichtet, uns in unserem Entwicklungsprozess zu unterstützen. Wenn wir also akzeptieren können, dass alles seinen Sinn hat, auch wenn wir ihn z.Z. noch nicht erkennen (by the way, hast du nicht auch schon scheinbar schlechte Situationen und Phasen erlebt, wo du im Nachhinein erkennen konntest, was sie Gutes für dich bewirkt haben?), dann wächst das Vertrauen in das Universum und dich, dass alles hilfreich ist, und du kannst positiver deine Zukunft gestalten.

Du spürst die Vision in dir, du bist auf dem Weg, bereitest den Boden, damit sie wie eine Saat aufgehen kann, die innere Erdkruste durchbrechen und sich im Außen durch dich zeigen kann. Dein Verstand will mit ins Boot genommen werden. Er will handfeste Beweise. Ich hatte dir ja schon vorgeschlagen zu schauen, wo du bereits das Gefühl hattest, im Einklang mit dir zu sein, mit deiner Vision eines erfüllten beruflichen Ausdruckes. Zeig deinem Verstand, dass ihr es ja bereits da hattet, dass es möglich ist, 'schau, das haben wir alles schon in diesem Bereich geschaffen.' Weg von der Angst, vom Zweifel, vom Worst-Case-Szenario – alles kann auch ganz anders sein. Umarme deine Angst, deine Zweifel und zeige ihnen, dass es sein kann. Angst und Zweifel möchten dir helfen, doch wir verstoßen, verurteilen sie. Wie würdest du dich als Angst fühlen? Isoliert, unterdrückt, klein, verloren, unbeachtet, verletzlich, unfähig, sich Gehör zu verschaffen.

Sie versucht dich dazu zu bringen, dein Potenzial nicht zu leben, weil sie dich in Sicherheit wissen möchte. Wenn die Angst sich gesehen und akzeptiert fühlt, du sie beob-achten kannst, dann kommt auch Klarheit, du kannst wirkliches Risiko sehen und entsprechend agieren. Die Angst wird zu einem hilfreichen Partner, mit dem du das Abenteuer Leben zusammen erfahren kannst. Der Effekt? Du fühlst dich offener, sanfter, leichter, wenn du deine Angst umarmen kannst, anstatt sich von ihr getrieben zu fühlen. Auch ich umarme dich, Sabine."

Ja, es gab Situationen, sei es Maras Ausrutscher auf den Felsen oder Toms Praktikum. Alles war eigentlich schon fix, doch dann kam kurzfristig die Absage. Tom musste sich auf die Schnelle etwas Neues suchen und war zunächst gar nicht so begeistert. Dann aber hatte er Feuer gefangen und ein Ziel, das ihn zu mehr Engagement in der Schule anspornte.

Ihr fiel ein Text ein, den sie einmal irgendwo gelesen hatte: „Wir haben keine Motivation, etwas zu ändern, wenn alles gut läuft. Wir sind motiviert, wenn es weh tut. Wenn wir versuchen, Konflikten oder Unbehagen aus dem Weg zu gehen, dann versäumen wir die besten Möglichkeiten zu wachsen. Umarme das Unbehagen und hör auf, Konflikte zu vermeiden." Stella grummelte: Es muss doch auch anders gehen! Warum sollte es nur (ok, vorrangig) mit Schmerz und Konflikt gehen? Und warum sollte ich etwas ändern, wenn es schön ist? Ist es nicht das, was ich will?

Mara rief an, doch ihre Stimme war merkwürdig. Sie trafen sich bei ihr. Aufgeregt und dennoch bedrückt berichtete Mara, was sie herausgefunden hatte. Das machte Sinn – und war letztendlich doch niederschmetternd. Stella sank in sich zusammen. Es schien so ausweglos. Sie holte Luft – es war ja nur eine Idee und könnte auch ganz anders sein.

19.

Es gab eine langsame Veränderung in der Natur. Die Abende wurden frischer, die Kraft der Sonne ließ nach, das Licht wurde weicher. Eine Sanftheit, ein seidiger Hauch lag in der Luft, aber auch eine Wehmut, der Sommer verabschiedete sich. Auch in Stella veränderte sich langsam etwas, auch sie wurde weicher, sie hatte das Gefühl, offener zu werden für das Universum. Anders konnte sie es nicht ausdrücken. Als ob sie die sie umgebenden Energien mehr spüren konnte und ihnen freundlicher, annehmender begegnete. Sie war in sich ruhiger, zuversichtlicher. Dennoch gab es Zeiten, wo sie ungeduldig wurde, Zweifel hochkamen.

„Liebe Stella, Ungeduld und Druck sind Zweifel, ob sich das manifestiert, was du dir wünschst. Zweifel, dass das Universum passend liefert, quasi wie ein negatives Gebet. Einmal andersherum: Wenn du dir die drei Begriffe Erwartung, Glauben, Hoffnung anschaust, welcher hat die meiste Kraft, die meiste Energie? Für mich ist es die Erwartung. Da stecken keine Zweifel drin, wohingegen in der Hoffnung ein 'Vielleicht' und somit eben auch ein 'Vielleicht nicht' schwingt. Glauben hat schon mehr Kraft, aber da ist für mich keine hundertprozentige Überzeugung wie bei der Erwartung. Zweifel sind schwächende Energien. Die Wunschsignale werden verwaschen, widerrufen, was soll das Universum da antworten? Wenn du erwartest, vertraust, dann bekommst du auch. Der Erfolg kommt zu denen, die Erfolg erwarten, dem Universum und sich vertrauen.

Du schriebst von deinem Glaubenssatz, unfähig, nicht gut genug zu sein. Ein weit verbreiteter Glaubenssatz. Bin ich es wert? Die Tatsache, dass du geboren bist, ist die Garantie, dass es einen Grund für dein Dasein gibt, dass du ein Geschenk für die Welt bist. Die Natur ist nicht so ausgelegt, dass sie etwas grundlos macht. Dein Sein allein ist schon die Begründung deines Wertes. Das Universum als riesiger Container aller Schwingungen kann durch dich neue, einzigartige Erfahrungen bekommen, die kein anderes Wesen beitragen kann. Wir sind Teil des Universums, durchströmt vom Universum. Wie ein Blatt an einem Baum. Wir sind ein individuelles Blatt, jedoch Teil des Baumes, verbunden und genährt von den Zweigen, Ästen, vom Stamm, den Wurzeln. Da wir Teil des Universums sind und das Universum in uns ist, geschieht uns nicht etwas von außen, es geschieht durch uns.

Manche – wie eben auch Marianne Williamson – sprechen statt vom Universum vom Göttlichen. Es geht um die Schöpferkraft, die wir haben, die wir sind. Du bist liebenswert, du spürst den göttlichen Funken in dir, das, was dich zweifeln lässt, sind menschliche Erfahrungen. Dein Selbst zweifelt nicht, es weiß: Du bist die Macht, die Quelle, die Königin in deinem Leben.

Aus dieser Sichtweise heraus wird die Bibel übrigens hochinteressant für mich. Und Gott schuf den Mensch nach seinem Ebenbild. Wir sind ein Teil Gottes, haben das Göttliche in uns. Jesus sagte, nachdem er wieder ein Wunder getan hatte, dass auch wir dies könnten, dies und noch viel größere. Er wollte uns zeigen, wozu wir fähig sind. Nicht nur Jesus ist der Sohn Gottes, wir alle sind göttlich, quasi Kinder Gottes. In diesem Sinne ist Jesus nicht als Lehrmeister Gottes zu uns gekommen, als Personifizierung von Gott, sondern als Demonstration des Potenzials der Menschen, des Göttlichen in uns. Das Königreich Gottes liegt in dir, sagt Jesus. Die wenigen frühen Schriften belegen diese Sichtweise. Erst Jahrhunderte nach Jesus hat die Kirche das Göttliche nach außen verlegt und damit auch das Paradies.

Ich wollte dir auf keinen Fall auf den Fuß treten, hatte das Gefühl, dass du das, was ich schreibe, stehen lassen kannst als meine Meinung neben deiner. Und deine Meinung interessiert mich wie immer sehr. Von Herzen, Sabine."

Wieder wirbelten Stellas Gedanken umeinander, Sabines Aussagen waren provokant und – spannend. Ihre Mails forderten den Verstand. Vieles riss sie an, doch das Schreiben brauchte Zeit. Stella hätte sich gerne mit ihr unterhalten, gleich nachgehakt, eingeworfen. Sie überlegte, ob sie Sabine vorschlagen sollte zu skypen. Und natürlich wollte sie herausfinden, ob ihr Verdacht stimmte. Mit Kim hatte sie sich zwischenzeitlich wieder getroffen. Auch ihre Gespräche waren herausfordernd, aber Kim konnte sehr gut erklären. Seine Schroffheit und Wortkargheit hatte er weitgehend abgelegt. Sie kamen von ganz unterschiedlichen Seiten und doch verband sie einiges: Ihr Wissensdurst, der Wille, zum Selbst und zur Selbstliebe zu finden, das

Gefühl, für andere nicht so wichtig zu sein. Sie hatten darüber gesprochen, wie man alte Muster ablegen könnte. Die Arbeit mit dem inneren Kind hatte Stella schon viel gebracht, und Kim hörte ihr aufmerksam zu, als sie ihm die Übung erklärte. Ob er sie wohl probieren wird? Kim hatte von Hirnforschungen erzählt. Man wusste schon lange, dass Babys im Hirn Vernetzungen aufbauten, die dann im Kindergarten und Schulkind-Alter entweder weiter gestärkt wurden oder verkümmerten. Wie Pfade konnte man sich das vorstellen. Aus dem Trampelpfad konnte ein Weg werden, der dann quasi zur Autobahn wurde oder eben wieder zuwuchs, je nachdem wie diese Vernetzung genutzt wurde. Zunächst hatte man geglaubt, dass nur im Kleinkindalter der Aufbau von Vernetzungen möglich sei. Deswegen gab es einen Hype bei der frühkindlichen Förderung. Doch Wissenschaftler fanden heraus, dass auch später neue Pfade geschaffen werden konnten. Astronauten hatten zum Training für die Schwerelosigkeit eine Brille aufgesetzt bekommen, die die Welt bildlich auf den Kopf stellte. Damit sollten die Astronauten lernen, auch über Kopf arbeiten zu können. Nach rund vierzig Tagen fand ein Switch bei den Astronauten statt. Sie sahen auch ohne Brille die Welt auf dem Kopf. Bei denen, die die Brille nicht permanent getragen hatten, fand der Switch nicht statt. Es braucht also Konstanz und Übung, um neue Vernetzungspfade zu schaffen. Stella musste an eines ihrer Lieblingsgedichte denken: „The road not taken" von Robert Frost. Sie zitierte die Schlusszeile:

„Two roads diverged in a wood,

And I – I took the one less traveled by,

And that has made all the difference."

Zwei Wege gabelten sich im Wald.

Und ich – ich nahm den weniger gegangenen,

Und das hat all den Unterschied gemacht.

Kim nickte, dann saßen sie schweigend nebeneinander. Ein gemeinsames Schweigen. Jeder dachte an seinen Weg – den weniger gegangenen?

20.

Die Uni hatte wieder begonnen. Viele ihrer Freunde waren weg gewesen, verreist, hatten anderswo gejobt. Das Leben vibrierte nach der stilleren Gelassenheit des Sommers. Wie in einem Ameisenhaufen schoben sich die Studenten durch die Uniflure, wuselnd, eingebettet in einen Geräuschteppich aus vielschichtigen Gesprächsfetzen, zuschlagenden Türen, Handyklingeln, Lachen und Musik. Aufgeregte Erstsemester liefen orientierungslos umher, während andere in Gruppen zusammenstanden, erst langsam die Trägheit der letzten Monate abstreifend.

Auch Stella war in der Uni, um sich für ein Seminar anzumelden, das nicht online belegbar war. Sie beobachtete das Treiben. Bei dem Wort musste sie an Treibholz denken und wie Treibholz kamen ihr einige vor, unsicher, zusammengesunken, kraftlos, „Opfer des Lebens", während andere zielstrebig schienen, mit einer ganz anderen Körperhaltung, kraftvoll, aufrecht, vital. Stella musste fast lachen bei ihren Gedankengängen, zu antiquiert kamen ihr die Worte vor. Es wurde Zeit für neue deutsche Literatur.

Sie hatte das Vorlesungsverzeichnis studiert. Das meiste war auf Lehramt ausgerichtet, doch das war Stella klar, Lehrerin wollte sie nicht werden. Jemand tippte sie von hinten an der Schulter. Es war Sandra, eine Kommilitonin, mit der sie schon in einem Seminar zusammen gearbeitet hatte und die ganz ok war. Bei einer Latte Macchiato erzählte sie von ihrem Praktikum in einem Verlag, es war ein Fachverlag gewesen, etwas trocken, aber um den Ablauf kennenzulernen nicht schlecht. Sie würde gerne Lektorin werden, Bücher auswählen, redigieren, helfen, sie noch besser zu machen, Autoren begleiten beim Schreiben. Stella hatte auch schon darüber nachgedacht. Dies war eher ihre Richtung, doch auch das war es nicht wirklich. Sie wollte irgendwie Menschen erreichen, mehr von sich einbringen.

Einige Tage später traf sie sich mit Mara. Deren Augen funkelten, etwas schien sie von innen anzutreiben, zu begeistern. Aufgeregt erzählte Mara von einer Vorlesung in Epigenetik. „Epigenetik ist noch eine recht junge

Wissenschaft. 'Epi' ist griechisch und heißt 'über, zusätzlich, um… herum'. Früher hat man geglaubt, dass die Gene unveränderbar sind, uns unseren Rahmen vorgeben, wir quasi Opfer unserer Gene sind.

Mit der Stammzellforschung tauchte die Frage auf, warum aus einer Stammzelle eine Muskelzelle wird und aus einer anderen eine Knochenzelle. Da jede Zelle, ob Niere-, Haut- oder Hirnzelle, das gleiche Genom hat, werden in verschiedenen Zellen verschiedene Gene abgelesen. Es muss also irgendeine Regulation geben. Einiges kann durch Schaltergene im Erbgut erklärt werden, aber wie werden sie aktiv? Durch die Zellumgebung? Und es gibt sogenannte übergeordnete Regulationsmechanismen. Die Methylierung ist so ein Mechanismus, ein anderer ist der Verpackungsgrad des Genoms in der Zelle. Ich will das jetzt nicht genauer erklären, damit es nicht zu kompliziert wird. Es sind epigenetische, chemische Markierungen, die also die Lesbarkeit der Gene bestimmen. Anders als bei Mutationen können diese Markierungen verändert werden. Methylgruppen lassen sich entfernen oder neu anbringen. In Versuchen mit Ratten konnten dadurch Krankheitsgene stillgelegt werden. Viele Krankheiten wie Krebs, Depressionen, Schizophrenie, Asthma oder Diabetes werden mit falscher Methylierung in Verbindung gebracht. und die ersten Medikamente sind schon auf dem Markt, um Methylierungen zu beeinflussen. Weißt Du, was das heißt?" Stella strahlte.

Mara holte tief Luft. „Ich bleib dran! In der Vorlesung ging es noch um einen weiteren Aspekt: Neuere Forschungen haben gezeigt, dass bestimmte Gene durch traumatische Erlebnisse, insbesondere im frühkindlichen Alter, dauerhaft an- oder ausgeschaltet werden. Im Hippocampus des Gehirns werden die Gene methyliert. Interessanterweise nur dort. Aber das reicht aus, weil der Hippocampus fürs Lernen und Erinnern wichtig ist. Die Folge ist, dass diese Menschen weniger stressresilient sind, also durch Stress schneller und mehr gestresst werden als andere, ängstlicher sind, überreagieren. Da die Gene verändert sind, wird diese Veränderung auch vererbt. Bei Nachkommen von Holocaust-Überlebenden dachte man zunächst, dass das Verhalten der Eltern sie beeinflusst hat, was sicher auch stimmt. Aber mit diesen Forschungen kommt noch eine weitere Dimension hinzu. Wir können die Traumata unserer Vorfahren durch genetische Vererbung übernehmen.

Ich fand das total spannend und hab recherchiert. Wenn auch Traumata unsere Gene beeinflussen, dann könnte es sein, dass wir unsere Gene beeinflussen können durch unsere Emotionen und unsere Gedanken. Dabei bin ich auf Bruce Lipton gestoßen, ein Pionier der Epigenetik. Er war es, der Stammzellen in unterschiedliche Nährböden gab und zu dem Schluss kam, dass die Umgebung die Gene prägt. Da – wie so oft – er mit seinen Forschungen bei etablierten Wissenschaftlern zunächst auf wenig Akzeptanz traf und er als Professor nicht mehr etwas lehren wollte, was sich für ihn als falsch herausgestellt hatte, quittierte er den Posten an der Uni und forschte frei weiter. Er ist davon überzeugt, dass wir unsere Biologie ändern können. Wie wir unsere Welt wahrnehmen, beeinflusst die Chemie unseres Körpers und somit die Gene. Unsere Gedanken bewirken im Gehirn die Ausschüttung von Substanzen ins Blut, die so die Zellen erreichen. Bei Stress werden Hormone ausgeschüttet, die einen schützen sollen und eine Flucht ermöglichen, Energie wird für die Flucht gespart, die Zellen nicht mehr voll genährt. Das war in der Frühzeit der Menschheit gut und wichtig, auch weil Stress nur in einzelnen Situationen vorkam. Heute wird von Dauerstress gesprochen. Und dann ist die Unterdrückung von Zellwachstum und die schlechte Nährstoffzufuhr gefährlich. Klassische Folgen: geschwächtes Immunsystem, Burn-out, Erschöpfungszustände, das Gefühl der Überforderung.

Wenn also unsere Wahrnehmung unsere Biologie beeinflusst, wie 'entsteht' unsere Wahrnehmung? Lipton führt das Beispiel des Placeboeffektes an. Weißt du, was ein Placebo ist?" Stella nickte: „Scheinmedikamente, Zuckerpillen oder so statt richtiger Wirkstoffe." „Ja, und dennoch können sie einen positiven Effekt auf den Heilungsverlauf haben. Sowohl beim subjektiven Befinden als auch bei objektiv messbaren körperlichen Funktionen. Warum? Weil die Menschen an die heilsame Wirkung glauben, weil sie sich mit ihrer Krankheit gesehen, sich umsorgt fühlen. Umgekehrt gibt es den Noceboeffekt. Einwirkungen, die einen krank oder kränker machen. Für Lipton sind das vorrangig negative Gedanken. Wissenschaftler gehen heute davon aus, dass nur ca. 2 % aller Krankheiten genetisch bedingt sind. So entwickeln Adoptivkinder eine ähnlich hohe Wahrscheinlichkeit, an bestimmten Krankheiten zu erkranken wie ihre Adoptionsfamilie. Es geht also um das Umfeld und den Lebensstil, den sie annehmen. Wenn es uns gesundheitlich nicht gut geht, sollten wir uns fragen, was passiert in meinem Leben? Rund 70 % unserer Gedanken – ob bewusste oder unbewusste – sind negativ. Das schreit nach Änderung. Wie? Durch Aufmerksamkeit, Bewusstsein. Wenn wir nicht von negativen Gedanken dominiert sind, wie fühlst du dich dann, z.B. wenn du frisch verliebt bist – glücklich, klar, was noch?" Stella überlegte. „Ich bin sehr bei mir, spür mich, leb' irgendwie intensiv den Moment, meinst du das?" Mara nickte. „Ja, du bist sehr bewusst bei dir und im Jetzt. Du bist voller schöner Gedanken und Gefühle an Liebe, Freude, Harmonie. Du spürst deine Kraft, Vitalität. Und du fühlst dich gesund. Das Gehirn schüttet dann Substanzen wie etwa Hormone aus, die via Blut in die Zellen gelangen und dort Wachstum und Gesundheit unterstützen. Bewusst können wir uns positiven Gedanken und Gefühlen zuwenden, also versuchen, uns von der eigenen und der Negativität anderer und des Umfeldes unabhängig zu machen. Doch nur ein Bruchteil unserer Gedanken ist uns bewusst. Unbewusste Gedanken werden durch Wiederholung gefestigt. Die negativen Gedanken und Überzeugungen können durch Wiederholung von positiven überschrieben werden. Wir ersetzen destruktive Programme durch hilfreiche." Das passte zu all dem, was Sabine geschrieben hatte. Mara glühte fast, wirkte wie ein Goldsucher, der auf eine Goldader gestoßen war. „Lipton ist überzeugt, dass Gedanken auf Materie einwirken und wir mit unseren Emotionen Resultate erzielen können, die konventionelle Gesetze der Physik aushebeln. Es ist so spannend! Wenn wir unsere Gene epigenetisch behandeln, dann kann ein Bewusstseinswechsel nicht nur den Heilungsprozess unterstützen, sondern auch zur Festigung der Gesundheit führen. Wenn man die alten Überzeugungsmuster weiterdenkt und -lebt, ist nur eine der beiden Ursachen behandelt. Weißt du, was da für Potenzial drin steckt, beides zu kombinieren? Da will ich dabei sein! Wenn ich traumatisierten Kindern helfen kann, ihre Traumata lösen und ihnen ein positives Weiterleben aufzeigen kann, sie dahin(!) führen kann. Wow!" Es sprudelte nur so aus Mara heraus. „Ich hab morgen einen Gesprächstermin bei meinem Prof und dann hab ich eine Mail an Bruce Lipton geschickt. Heut' Nacht war ich bis vier im Internet. Das wird meine Doktorarbeit, ich will Konzepte, Programme entwickeln."

Fast erschöpft und dennoch strahlend lehnte sich Mara zurück. Stella konnte sie nur zu gut verstehen. Beide schienen sich derselben Thematik zu nähern, nur von verschiedenen Seiten: Wirken Gedanken auf Materie? Der Laptop spuckte dazu das Thema Noetik aus: Noetik versucht Erkenntnisse der Quantenphysik mit denen der Bewusstseinsforschung zu verbinden. Seit der amerikanische Bestsellerautor Dan Brown die Noetik als Leitthema für seinen Roman „Das verlorene Symbol" gewählt hat, ist sie in das Bewusstsein eines breiteren Publikums gerückt. Der Autor sagt dazu: „Das Potenzial der Noetik ist atemberaubend. Institute wie das IONS (Institute of Noetic Science) und PEAR (Princeton Engineering Anomalies Research Lab) haben unumstößlich bewiesen, dass Materie miteinander verbunden ist, verschränkt in einem einzigen, einheitlichen Geflecht – einer Art universeller Einheit." Doch Noetik ist eine junge Grenzwissenschaft, die wissenschaftlich (noch) nicht anerkannt ist. Dennoch ermutigen die Ergebnisse von Experimenten. Lynne McTaggert, wissenschaftliche Autorin und Journalistin: „In mindestens 40 Forschungszentren wurde nachgewiesen, dass zwischen Lebewesen ein ständiger Informationsaustausch stattfindet und dass Gedanken Energien übertragen können. Es liegt der Schluss nahe, dass es eine dezentrale, einheitliche Intelligenz gibt und dass im Prinzip jeder über die Fähigkeit verfügt, mit ihr in Kontakt zu treten. Alle Experimente legen die Schlussfolgerung nahe, dass Bewusstsein eine Substanz jenseits unserer Körpergrenze ist, eine Energie, die Materie verändern kann." Die angeführten Experimente waren faszinierend, ob die Beeinflussung des Wachstums bei Keimlingen oder Bakterien oder die kollektive Beeinflussung von Zufallsgeneratoren. Mara interessierte besonders ein Experiment, bei dem eine Blutprobe auf zwei Gefäße verteilt wurde, die nebeneinander in einem Labor standen. Gibt man einen Erreger in eines der Gefäße, finden auch in dem anderen Gefäß Abwehrreaktionen gegen ihn statt.

„Das Bewusstsein oder die Substanz, von der Lynne McTaggert sprach, wird in der Quantenphysik Nullpunkt-Feld genannt. Es ist die Kraft, die auf subatomarer Ebene der (lebenden) Materie das Universum wie ein Netz durchzieht, das lange als Vakuum bezeichnet wurde. Heute weiß man, dass es voll Energie ist. Die Versuche zeigen, dass die Energie beeinflussbar ist – durch unsere Intention. Und damit kommen wir zur Kernthese der Noetik. Auch Gedanken sind Materie (also energetische Information) und da alle Elementarteilchen im Nullpunkt-Feld miteinander kommunizieren, können Gedanken Materie beeinflussen. Zielgerichtete Gedanken erzeugen Energien, die beim Empfänger Reaktionen im Körper verursachen, die wie winzige Elektroschocks messbar sind."

„Wow, das ist unglaublich – oder besser gesagt, eine ganz neue Sichtweise." Maras Kopf rauchte. „Ich kann nicht mehr! Nicht nach schon so einer Nacht!"

21.

„Hi Stella, ja, wir leben in einer hoch spannenden Zeit, in der die Wissenschaft beginnt, zunehmend alte Weisheiten zu bestätigen, Mysterien, die in den Bereich der Sagen und Märchen abgeschoben worden sind. Intuitives Wissen unserer frühen Vorfahren wird durch technische Messungen und wissenschaftliche Forschungen validiert. Nachdem die Intuition vom Wissen verdrängt wurde, kommen sie wieder zusammen, zwei vermeintliche Gegensätze integrieren sich.

Das intuitive Denken und Wissen stand den Mächtigen zunehmend im Weg. Der christliche Glaube wurde zunächst noch so verbreitet, dass das Paradies in uns sei, wir göttlicher Natur seien. Mit der 'Auslagerung' dieser Ideen konnten die Kirchenfürsten und Machthaber das Volk viel besser manipulieren und unterdrückt halten. Die aufkommenden Naturwissenschaften kamen ihnen zusätzlich zu Hilfe. Die logische Beweisführung wurde zum Maßstab. Intuitives Wissen wurde nicht nur vernachlässigt, sondern bekämpft, was in den Hexenverbrennungen seinen grausigen Höhepunkt fand. In Europa fand meines Wissens der letzte Hexen-Lynchmord in den 1950er-Jahren in England statt. Auch heute noch werden andernorts Menschen der Hexerei bezichtigt und ermordet. Über einen guten Zugang zur Intuition zu verfügen war also über viele Jahrhunderte gefährlich. Es war sicherer, diesen zu unterdrücken – von klein auf an. Das Trauma hat sich tief in uns und unsere DNS eingegraben. Und dennoch verspüren immer mehr Menschen den Wunsch, ihr intuitives Wissen zu kultivieren, sich mit ihm vertraut zu machen. Aufs Bauchgefühl zu hören hat sich als gut erwiesen, wir haben begonnen, ihm und uns zu vertrauen. Wir suchen Wege, wie wir noch mehr und besser Zugang zur Intuition finden können, weil wir keine Angst mehr vor ihr haben, sondern erkannt haben. wie hilfreich sie ist. Wir sind die 'Hexen der neuen Zeit' ;-)))

Die Entwicklung der klassischen Wissenschaft war – glaube ich – nötig, damit unser Verstand mit ins Boot genommen werden konnte. Jetzt beginnen wir, die Intuition auch auf dieser Ebene zu akzeptieren. Unsere verkopfte Welt will Belege und Beweise. Die bekommt sie dank neuester Messmethoden und wissenschaftlicher Erkenntnisse. Intuition wird quasi salonfähig. Und drum herum vieles andere auch. Unser Verständnis von der Welt wird neu geschrieben. Das Paradies wandert wieder in uns zurück. Wir haben es in uns wie auch die Hölle. Es liegt an uns, was wir wählen. Wir, die Co-Kreateure unserer Welt.

Was ist Intuition? Ok, manche nennen es das Bauchgefühl. Das Lexikon definiert es als das unmittelbare, nicht durch einen Denk- oder Schlussfolgerungsprozess zu erlangende Erkennen, eine Eingebung, eine Ahnung. Wir wissen irgendetwas, manchmal sind wir uns sogar ganz sicher, doch wir wissen nicht, wie wir zu diesem Wissen gekommen sind, können nicht erklären, woher wir dieses Wissen haben. Einstein sagte: 'Das eigentlich Wertvolle ist die Intuition. Der Intellekt hat wenig zu tun auf dem Pfad zur Entdeckung. Es kommt ein Bewusstseinssprung, nenn es Intuition oder was auch immer, und die Lösung kommt zu dir und du weißt nicht wie oder warum.' Für mich ist Intuition das Wissen in uns, das wir durch die Verbindung mit unserem Selbst erhalten. Oder anders ausgedrückt: Das Wissen – oder der Zugang zu ihm – ist in uns, es geht darum uns zu erinnern.

Wenn du erkennst, dass alles, worauf du wartest, hoffst, hinarbeitest, bereits in dir ist, hier, dann verändert das die Art, wie du denkst, fühlst und handelst. Du beginnst, dich von der Abhängigkeit äußerer Umstände frei zu machen und vertraust mehr den inneren, über die du Macht hast. Es geht weniger darum, dein Leben mit Dingen anzufüllen, sondern mehr von deinem Selbst herauszulassen. Wie? Indem du eine tiefere Verbindung zu den Samenkörnern des Potenzials in dir entwickelst und den Boden bereitest, damit sie aufgehen können.

Vielleicht magst du dazu eine Übung machen, mit deiner Kreativität spielen. Dann schließe in der Absicht, dich mehr mit deinem Selbst zu verbinden, die Augen und nimm ein paar tiefe Atemzüge. Folge dem Atem, spüre die Energie deiner Absicht. Lass deinen Körper von dieser Energie durchfluten. Dann, mit dem nächsten Atemzug, lass diese Energie auch den Raum um dich herum erfüllen. Jetzt kannst du beginnen, Fragen zu stellen. Was ist die Vision für mein Leben? Wie sieht sie aus, fühlt sie sich an, was ist die Essenz? Was versucht, sich durch und als mich auszudrücken? Ich hatte das so ähnlich schon einmal angesprochen, denke aber, dass es jetzt, mit dem Verständnis noch einmal hilfreich sein kann. Mehr und mehr wird uns bewusst, dass es uns hauptsächlich um eine innere Erfahrung geht, um eine Seins-Qualität. Und wenn du jetzt ein Gefühl hast, spürst, wie sich deine Vision anfühlt, auch wenn du sie noch nicht erkennst, dann versuche, dieses Gefühl zu intensivieren. Bejahe es, freu dich drüber, Yeah! Spürst du die Kraft in dir? Feier es, geht's noch etwas mehr? Versuch, dir dieses jetzt so starke Gefühl voller Lebensfreude zu merken und immer wieder einmal darin einzutauchen. Noch ein Hinweis: Versuche bitte nicht, deine Fragen zu beantworten, denn diese Antworten sind ja vom Verstand gelenkt und daher begrenzt. Es geht darum zu beobachten, was kommt als Hinweis, als Gefühl, als intuitive Eingebung.

Du hast von Intentionen geschrieben. Wie können wir überhaupt voller Intention für etwas sein, das wir gar nicht kennen, von dem wir nicht wissen, was es ist? Wie können wir Platz lassen für – nennen wir es die Idee des Universums, was sich durch mich ausdrücken soll? Wie setze ich bewusst Intentionen, die im Einklang mit meinem Potenzial-Selbst sind? Im Unterschied zu Zielen lassen Intentionen Raum und beziehen sich auf alle Ebenen. Sie sind viel flexibler und lassen daher auch viel mehr Möglichkeiten zu. Wir brauchen gar nicht genau zu wissen, was wir wollen, aber wir wissen, wie es sich anfühlt. Dieses Anfühlen ist quasi die Intention. Ich habe die Intention, mich im Zustand der Erfüllung so zu fühlen. Merkst du, wie viel Raum da ist? Ob die Intention im Einklang mit deinem Selbst ist, erkennst du, wie sich die Intention anfühlt – und an den Ergebnissen, dem Feedback, das du im Außen erhältst. Fühlt sie sich intuitiv stimmig an, leicht, freudig?

Und jetzt zum Abschluss für heute noch zwei Zitate zum Thema Intention: Wie lässt Dan Brown seine Heldin Katherine in seinem Buch 'Das verlorene Symbol', in dem es ja auch um Noetik geht, sagen? 'Und wenn wir lernen, unsere wahre Macht zu beherrschen, werden wir in der Lage sein, die Realität zu beherrschen.' Und an anderer Stelle: 'Jahrelang habe ich die Behauptung studiert, der Mensch verfüge über ungeheure geistige Macht, und nun zeigt uns die Wissenschaft, dass der Zugriff auf diese Macht ein physischer Prozess ist. Richtig eingesetzt kann das menschliche Gehirn Kräfte heraufbeschwören, die im wahrsten Sinne übermenschlich sind.'

Lass mich wissen, wie es dir mit der Übung geht, und natürlich auch dir sonst. Alles Liebe, Sabine."

Wie geht es mir mit der Übung? Stella hatte sie ein paarmal gemacht, langsam bekam sie eine Idee, wie es sich anfühlen sollte. Das Verstärken dieses Gefühls war auch kein Problem. Sie dachte daran, wie es war, wenn sie im Sport gewonnen hatte oder ein Ziel erreicht hatte, das sie sich vorgenommen hatte und eine Herausforderung gewesen war. Doch immer noch haderte sie mit der Unklarheit, es war noch nicht einmal vage zu erkennen, was es sein könnte. Dabei war sie sich sicher, dass es so eine Bestimmung in ihr gab. Andererseits, dachte Stella, wenn all das stimmte, was Sabine und auch andere Quellen im Internet schrieben, dann kann es ja tatsächlich sein, dass sich die Bestimmung im Außen zeigt, wenn ich das Gefühl, sie zu leben, aussende. Sie kam sich wie zwischen zwei Welten vor: Das Herz sehnte sich zu glauben, doch der Intellekt – oder waren es ihre Glaubenssätze? – weigerte sich, es zu zulassen. Vielleicht sollte sie sich noch einmal mehr mit ihren Glaubenssätzen und Beschränkungen beschäftigen.

22.

Da passte es gut, dass Stella übers Wochenende heimfuhr. Es fiel ihr auf, wie viele Beschränkungen und Urteile ihre Eltern von sich gaben: „Das können wir uns nicht leisten." „Man muss zufrieden sein." „Der schafft es eh nicht." „War ja auch nicht anders zu erwarten." Stella lehnte sich zurück und fragte: „Warum nicht?" Irritiert schaute ihre Mutter hoch. „Na ja, war doch schon immer so bei denen." Stella fragte weiter: „Und das heißt, dass es deswegen auch immer so weitergeht und nicht anders sein kann?" Stellas Mutter wand sich: „Es könnte anders sein, aber das ist natürlich nicht sehr wahrscheinlich." „Klar, wenn man schon von vornherein den Stempel aufdrückt, dann motiviert man nicht gerade, andere Möglichkeiten zu suchen." Stellas Vater zog die Augenbrauen hoch. „Wir sind ja nun wirklich nicht dazu da, andere auf ihre Fehler hinzuweisen und zu motivieren, mal etwas anders zu machen!" „Die Frage ist wohl eher, ob es ein Fehler ist, so zu leben, wie sie es tun. Ich mein', wer entscheidet, bestimmt, wie andere leben sollen? Ist das nicht anmaßend? Sollte nicht jeder selber entscheiden und wir dies respektieren?" „Das mag in der Theorie ja ganz schön klingen, doch letztendlich wird es darauf hinauslaufen, dass sie uns auf der Tasche liegen werden, und dann wird es auch zu unserer Sache!" „Oder es könnte auch ganz anders kommen."

Puuh, das Wochenende war anstrengend gewesen. Stella spürte wieder die Traurigkeit in sich hochsteigen. Sie fühlte sich alleine, unverbunden. Sabine schien sie so viel besser zu sehen und zu verstehen.

„Hi Stella, was hindert uns daran, das zu erschaffen, was aus unserem Inneren herauswill, als Herzenswünsche und Sehnsüchte? Unsere inneren Barrieren, Glaubenssätze und Beschränkungen – in Bezug auf uns, auf das Leben und auf andere. Das ist unsere innere Glasdecke und solange wir diese nicht durchbrechen, wird das, was wir in unser Leben ziehen, unserem Potenzial nicht gerecht. We're playing small, sabotieren quasi, dass Möglichkeiten auftauchen, die uns in unsere eigene Größe führen. Wie können wir unsere Glaubensstrukturen verändern, welche kreieren, die in uns Weite, Wärme und schönste Erfahrungsmöglichkeiten auslösen? Du kannst damit beginnen, dir klar zu machen, dass du eine von vielen Möglichkeiten, Wahrscheinlichkeiten des Stella-Seins bist. Nimm einen Bereich deines Lebens, mit dem du nicht ganz zufrieden bist. Lass erst einmal alle Gedanken und Gefühle (die positiven wie die negativen, ohne Abwertung) sich dir zeigen, damit dir bewusst wird, wie du gewöhnlich über diesen Bereich denkst, welche Energien (Bilder, Gedanken, Em-pfindungen, Projektionen, Erinnerungen und Interpretationen) du da hinein gibst. Dann strahle alles vom Herzen her mit Wärme, Mitgefühl und Liebe an. Jetzt bist du bereit, eine andere wahrscheinliche Realität aus dem Potenzialfeld der Möglichkeiten zu ziehen, eine Stella-Form, die genau in diesem Bereich Glück, Freiheit, Fülle, Liebe usw. erfährt. Das Universum ist so angelegt, dass es uns unterstützt, den nächsten Schritt zu machen, um unser volles Potenzial zu realisieren in jedem Bereich unseres Lebens. Wenn es also darum geht, mehr uns selbst zu leben, dann richten wir unseren Fokus auf diese Seelenbedürfnisse. Auf das, was dein tiefstes Seelenbedürfnis in dem Bereich ist, in dem du dich entwickeln möchtest.

Also im Bereich Beruf, was ist deiner Seele da wichtig? Das kannst du natürlich auch für andere Bereiche machen.

Es ist jedoch nicht so, dass, wenn wir einmal unsere Bedürfnisse erkannt haben, das Universum uns all das liefert, unsere Bedürfnisse erfüllt ohne unser Zutun, wir also passiv sein können. Das Universum liefert Möglichkeiten, doch es ist an uns, sie zu ergreifen, sie wahrzunehmen. Auch wir sind gefragt, mehr noch, wir sind verantwortlich. Oder wie Joe Vitale sagt: 'Oft wissen wir nicht, welches Stück wir im Puzzle sind, aber wenn wir es spielen, macht es totalen Sinn.' Und unterscheide: Ist das Handeln von den Seelenbedürfnissen motiviert oder ist es mehr ein Agieren, das wie das Im-Trüben-Fischen ist, weil man etwas tun möchte, im Glauben, dass von alleine nichts passiert, man also etwas tun muss? Ein solches Handeln sendet eher Zweifel aus, ist daher kontraproduktiv."

Das Klingeln ihres Handys riss Stella aus dem Lesen. Kim. Was er sagte, war einfach unglaublich. Stella war so perplex, dass sie gar nicht wusste, was sie sagen sollte. Ihre Gedanken und Gefühle wirbelten durcheinander. Das konnte kein Zufall sein. Sie brauchte einige Zeit, um sich wieder auf Sabines E-Mail konzentrieren zu können. Der letzte Absatz – als ob Sabine ihn für diesen Moment geschrieben hätte. Schließlich atmete sie durch, innerlich noch ganz aufgewühlt, und las weiter.

„Du schreibst, dass du traurig bist. Achte doch einmal auf die Formulierung. Wie ist es mit der Formulierung: Ich fühle mich traurig? Ja, da ist das Gefühl, aber du bist viel mehr, schau es an, nimm es an. Ich kann deine Traurigkeit sehr gut verstehen, doch du bist nicht allein. Deine Eltern haben nicht die Aufgabe, dich 24/7 zu lieben, deine Wünsche zu erkennen und zu erfüllen, und können es auch nicht. Dafür hast du dein Selbst. Es liebt dich bedingungslos. Erinnerst du dich an die erste Übung, die ich dir vorgeschlagen habe? Du kannst diese Übung fortsetzen: Sieh dein inneres Kind und das erwachsene Selbst, das das innere Kind begleitet und ihm all die Liebe, Aufmerksamkeit, den Beistand und die Unterstützung gibt, die es sich/du dir wünscht. Was glaubst du, wie sich dein inneres Kind entwickelt in dem Bewusstsein dieser Liebe? Sieh dein inneres Kind heranwachsen. Ein Kind, das so heranwächst, wird nicht das Gefühl haben, nicht gut genug zu sein. Es sieht Lern- und Wachstumspotenziale anstatt Fehler und Mängel. Dieses Kind, was macht es, was für Talente entfaltet es? Bei welchen Aktivitäten vergisst es die Zeit? Diese Übung kann alte Glaubenssätze, deine Interpretation deiner Vergangenheit überschreiben, du bist in einer Schwingung der Liebe, des Ganz-Seins, des Du-selbst-Seins.

Ängste und Frustrationen sind letztendlich Variationen einer einzigen Frage: Bin ich wertvoll, wertig – liebenswert, achtenswert, habe ich etwas verdient? Das große Geheimnis ist, dass wir nicht hier sind, um irgendwie mehr zu werden, als wir sind, sondern um zu erfahren, wer wir sind. Es geht nicht darum, besser, größer zu werden, unsere Bestimmung ist, einfach das zu sein – ganz und voll –, was wir waren, als wir hier angekommen sind. Und dazu brauchst du nichts zu lernen, zu besitzen. Du bist hier, um dich zu zeigen und auszudrücken.

So, und jetzt genieß erst einmal dein Sein und alles, was du schon in deinem Leben hast, das hast du nämlich geschafft und erschaffen. Alles Liebe, Sabine.

Weil du fragtest, wie du Glaubenssätze erkennen kannst: Um festzu-
stellen, ob es sich um einen übernommenen Glaubenssatz oder um deine
ureigenste Überzeugung, basierend auf deinem Wesen und den dir wichtigen Werten, handelt, kannst du dich fragen: Zu wem gehört das? Wenn du
dich bei der Frage plötzlich leichter fühlst, der Glaubenssatz sich also
zunächst eher schwer anfühlte, dann ist es ein übernommener Glaubenssatz,
nicht deiner. Du in deinem Wesen bist leicht. Wenn du versuchst, nicht
authentisch du zu sein, um vermeintlich in die Welt zu passen, dann fühlt
es sich schwer an. Deine eigenen Überzeugungen fühlen sich immer leicht
an."

Das Leben genießen. Sie war ja durchaus dankbar für all das, doch das
Eigentlich blitzte immer wieder auf. Die materiellen Dinge und Möglichkeiten waren wunderbar, aber es ging um etwas anderes. Wobei – ein
gewisser Rahmen war schon fein, die Miete bezahlen zu können, dass man
krankenversichert war… Sie schaute auf ihr Handy, plötzlich fiel ihr beim
Blick auf das Datum ein, dass sie vor einem Jahr ihre „Reise" begonnen
hatte. Selbstliebe - das Zauberwort auf dem Weg zu sich selbst. Wie
spannend die Zeit gewesen war. Ohne Kim hätte sie es nicht geschafft. Es
war eine ganz eigene Beziehung, sie wusste wenig von seinem Leben und
er kannte nur Mara. Dennoch war da eine Nähe, ein Vertrauen, das größer
war als bei vielen ihrer Freunde. Das Leben genießen. Stella griff zum
Handy und schrieb eine SMS.

Seine Antwort ließ auf sich warten, doch Stella traute sich nicht weiter zu insistieren. Dann kam sein Ok. Sie hatten sich für den nächsten Abend verabredet. Stella schwang sich auf ihr Rad. Es war ganz schön weit, aber die U-Bahn-Verbindung war noch schlechter. Der Häuserblock war alt und reichlich heruntergekommen. Kim hatte geschrieben: „Hinterhofeingang". Der Putz bröckelte als graues Etwas von den Mauern, die Holzfenster waren von tiefen Rissen durchzogen, die Scheiben zum Teil zerbrochen oder von großen Sprüngen durchzogen, Müll sammelte sich vom Wind zusammengeweht in den Ecken. Trostlosigkeit schien von den Mauern widerzuhallen wie das aggressive Geschrei aus einem der oberen Stockwerke. Nicht einmal Graffiti hatte ihren Weg hierher gefunden. Die Dunkelheit – die Hoflampe war zertrümmert – mochte zwar das Bild mildern, dafür verstärkte sie das Gefühl, dass hier Gefahr lauern könnte. Stella musste schlucken. Hatte Kim deswegen so lange mit der Antwort gezögert? Wollte er nicht, dass sie sah, wie er lebte?

Stella schaltete die Taschenlampenfunktion in ihrem Handy an, um die Namen auf den Klingelschildern lesen zu können. Ganz unten fand sie seinen Namen. Nichts geschah. Sie drückte noch einmal. Ob die Klingel nicht funktionierte? Sie wollte schon Kim anrufen, als endlich ein Schatten hinter der matten Milchglasscheibe auftauchte. „Der Türsummer funktioniert nicht." Kim stieg die Treppe zum Keller hinunter. Stellas Blick wanderte umher, sie fühlte sich wie in einem Film. Es roch dumpf nach Moder und Urin. Die Lattenkonstruktionen der Kellerverschläge ähnelten eher missratenen Vogelscheuchen, wie verloren hingen lose und zerbrochene Latten herunter, aufgequollene Pressspanplatten sollten das schützen, was eh keinen Wert mehr zu haben schien. Am Ende des Ganges drang ein schwaches Licht aus einem Raum. Der Raum war spartanisch eingerichtet: Bett, zwei Holzstühle, ein Tisch, eine Kommode, ein Waschbecken mit einem halbblinden Spiegel. Auf einer alten Küchenanrichte stand ein Zwei-Platten-Kocher. An der Wand über dem Bett klebte ein Poster von Neo aus dem Film „Matrix". Stella hatte sich den Film zwischenzeitlich angesehen. Ja, auch Neo hatte ähnlich gehaust.

Auf der Kommode stapelten sich Laptops, elektronische Bauteile, Kabel, Kopfhörer, zwei Monitore und anderes elektronisches Zeug. Kabel verliefen quer durch das Zimmer, eines kam von draußen durch das Kellerfenster und dann die Wand herunter. Stella stellte ihre Tüte auf den Tisch. „Moment! Umdrehen." Sie holte einen Mini-Kuchen aus der Tüte, steckte eine Kerze hinein und zündete sie an. „Ok! Du darfst ausblasen." Kim zog fragend die Augenbraue hoch, machte aber mit. „Sabine meint, wir sollen das Leben genießen. Und dann fiel mir ein, dass du vor einem Jahr das Password geknackt hast. Ist doch ein Grund zum Feiern." In der Tüte waren noch Tupperboxen. „Hat mir meine Mutter mitgegeben."

Beim Essen wanderte Stellas Blick zu den ganzen elektronischen Teilen auf Kims Kommode. „War es eigentlich schwierig, das Password zu hacken?" Sie konnte Kims Blick nicht deuten. Er war auf einmal distanzierter. „Ich hab's nicht gehackt. So was mach ich nicht." Stella war verwirrt. „Aber du hast doch selber gesagt, dass…" Kim winkte ab. Stellas Gedanken kreisten und fanden keine Logik. "Wieso…?" „Als Yannick mich anquatschte, hab ich mich gefragt, warum er dachte, dass ich so was mach. Und dann, wer so was in Auftrag gibt." Stella schluckte. Sie sah die Szene vor sich, damals unter der Brücke. Kims Blick, der irgendwie fast verachtend war. Jetzt verstand sie. Innerlich wurde sie ganz klein. Wie musste Kim sich gefühlt haben, für einen Hacker angesehen zu werden, der sich auch noch dafür bezahlen lässt. „Es tut mir leid". Stella schaute ihn um Verzeihung bittend in die Augen. „Doch ich bin dir trotzdem sehr dankbar für das, was du getan hast." In ihr rotierten die Gedanken. „Und dennoch sitz ich hier?" Auch Kim war sehr nachdenklich. „Hm, – da war was. Das war, als ob du versucht hast zu sehen, genauer hinzuschauen. Als ob du etwas ahntest – von mir." Stella schossen Tränen in die Augen. Sie nickte schwach, verstand. „Danke, dass du mir die Chance gegeben hast." Sie schaute nachdenklich auf ihren Teller: „Es muss ganz schön verletzend gewesen sein, als Yannick dich angesprochen hat." „Naja. Kann man als Kompliment sehen. Aber ich hätte drauf verzichtet." „Das war ziemlich oberflächlich, du bist ein Computerfreak und…" Kim winkte ab. „Hab mit Sabine gesprochen, sie hat's so erklärt: Nur etwa 30% eines Ereignisses etc. können wir aufnehmen, den Rest füllt unser Gehirn mit seinen Erfahrungen auf. Unser Gehirn nimmt das wahr, was wir glauben, erwarten. Also: Ich bin anders, Computerfreak = Hacker." Stella schloss die Augen. „Klischee." Ihr Blick wanderte zum Poster von Neo. Kim beobachtete sie. „Ist halt die Subjektivität des anderen, sein Thema, nicht meins, ich hab ja auch meine." Ein anderer Gedanke schoss Stella durch den Kopf. „Und das Password?" Kim zuckte scheinbar gleichgültig mit den Schultern, „Hab Sabine geschrieben, dass ich das Geld gut gebrauchen könnte." Stella runzelte die Stirn, das fühlte sich nicht stimmig an. Kim musste lachen. „Nee, hab halt mein Hirn angestrengt." Noch etwas verwirrt und irgendwie erleichtert fragte Stella: „Wie bist du drauf gekommen?" Kim nickte zum Poster. „Der Film ist genial. Hast du ihn gesehen?" Jetzt nickte Stella. „Er ist voll von Symbolen, Anspielungen, Metaphern. Philosophisch, biblisch, spirituell. Der Name Neo zum Beispiel: Ordne die Buchstaben anders an, was erhältst du?" Stella kniff die Augen zusammen. „Noé. Das ist Französisch für Noah, und der hat ja auch irgendwie die Welt gerettet. Mit einem Schiff – Raumschiff?" „Nicht schlecht, aber es ist ein amerikanischer Film. 'One', der Eine, der Erlöser. Oder 'Agent Smith': Ein Anagramm für I'm the Angst – den Begriff haben die Amis von Carl Jungs Arbeiten über die Psyche übernommen. Angst, Eigenverantwortung zu übernehmen. Und es geht noch viel tiefer. Die Piraten sind auf der Suche nach dem Erlöser, der die Menschheit retten soll. Erst durch die Hingabe von Trinity (Dreieinigkeit, ein in vielen Religionen wiederkehrendes Thema) kann er seine Kräfte voll entfalten. Hab einiges dazu gelesen. Deswegen: Nächstenliebe, Selbstliebe." „Wow", Stella war voller Bewunderung. „Ich komm mir manchmal ganz schön blöd neben dir vor." Kim zuckte die Schultern: „Die Rolle kannst du haben. Aber echt: Du weißt und kannst halt anderes." Etwas anderes fiel Stella auf: „Und Sabine hat mitgespielt." „Klar, sie hat 'nen coolen Humor."

Es war spät geworden. Stella fühlte sich nicht sehr wohl bei dem Gedanken, um diese Zeit alleine mit dem Rad in dieser Gegend unterwegs zu sein. Schließlich raffte sie sich auf und war fertig zum Gehen. Kim griff nach seiner Jacke und holte einen Schlüssel aus der Jackentasche. Sorgfältig schloss er die Tür ab. „Hab ich dich aufgehalten?" „Nee, aber glaubst du, ich lass dich um die Zeit alleine heimfahren?" Stella atmete innerlich auf. „Der Hacker-Ritter!" Und schon jagten sie durch die Nacht.

23.

Sabine und cooler Humor – das hätte Stella jetzt nicht unbedingt zusammengebracht. Wir sehen unsere Welt echt gefiltert, dachte Stella. Ich wollte Sabine als Ratgeberin, als Mentorin und so nehme ich sie wahr. Was sie noch alles ist, das hab ich irgendwie ausgeblendet gelassen. Sie lehnte sich zurück und atmete tief durch. Und wir sind ziemlich leichtgläubig, wenn es in unser Schema passt. Kim, der Hacker: Ich hab das, was ich gesehen hab, so interpretiert, wie es zu meiner Vorgabe passte. Stella schüttelte den Kopf.

„Hi Stella, ja, unsere Gesellschaft ist eine urteilende Gesellschaft. Die Spannung zwischen vorgefassten Meinungen/Vorstellungen und emotionalen Reaktionen darauf einerseits und der Wirklichkeit andererseits erzeugt einen Wahrnehmumgsfilter. Die Meinungen und Reaktionen sind nicht mit dem Selbst identisch, nicht von Dauer, können sich also ändern. Noch etwas: Wenn ich die Materie schlecht mache, mache ich auch mich selber schlecht, denn ich habe die Materie erschaffen.

Durch das Weglassen von Urteilen kommt es zur Transformation, zur Umwandlung. Wie können wir das erreichen? Zunächst geht es um Offenheit, denn Urteile und vorgefasste Meinungen verhindern Offenheit. Man nimmt nur das wahr, was zu seinen Vorgaben passt. Das hast du ja gesehen. Indem wir einer Situation bewusst offen begegnen, blenden wir Urteile etc. zunächst aus. Der nächste Schritt ist die Akzeptanz. Alles hat seinen Sinn. Durch das Nicht-Bewerten /-Abwerten /-Beurteilen auch der anderen Möglichkeiten, anderen Verhaltens, anderer Sichtweisen kommen wir zum Ergebnis: Liebe. Und mit Liebe meine ich liebevolles Verhalten, liebevolle Zuwendung. Wir bleiben in unserer eigenen Liebe, gehen in keine negative Energie.

Wenn wir denken, sind wir mit unserer Aufmerksamkeit nicht im Moment, das Unterbewusstsein übernimmt und spult seine Aufzeichnungen (Gewohnheiten/Glaubenssätze) ab. Wenn wir Änderungen wollen, ab ins Hier und Jetzt. Hmm, ist das verständlich? Ich hab etwas wenig Schlaf gekriegt...

Und denk bitte dran, dass sich das auch auf dich selber bezieht. Also nicht den inneren Kritiker auf dich loslassen wegen der Geschichte, du möchtest doch in der Selbstliebe sein. Eine Freundin von mir hat einmal gesagt: Begrenzungen fallen weg, wenn wir wieder staunen, die Welt mit Bewusstsein durchdringen, alles 'gleich-gültig' sein lassen. Das sind Wirklichkeitsdurchbrüche. Leben in absoluter Gegenwart, das Glück des Teilhabens am zeitlosen Sein. Durch Loslassen der Gewohnheiten, Auflösen des Bedingtheitsglaubens kann ich das werden, was ich immer schon war und meinen Beitrag in die Welt geben.

Vielleicht noch eine Anmerkung zu Emotionen: Gefühle sind nicht Du, sie sind Folge, körperliche Reaktionen von Glaubenssätzen, Konditionierungen, sind Feedback-, Wahrnehmungsinstrumente. Indem ich negative Gefühle zunächst annehme, als Teil von mir akzeptiere, nehme ich diesen Gefühlen die Schärfe und Energie und öffne mich für das Positive, dann können andere Energiefelder aufmachen, alternative Sichtweisen in einem weiteren Blickfeld erscheinen. Denn ich erschaffe mir meine Realität, indem ich aus dem schier unbegrenzten Fundus der Wirklichkeit genau das anziehe als nächsten Moment, als nächstes Geschehen, was auf der gleichen Frequenz schwingt. Durch Spüren des Ganz-bei-sich-Seins, des in der Selbstliebe-Seins ziehe ich die besten Möglichkeiten an. Wenn ich meine Begrenzungen loslasse, schaffe ich Platz für etwas Größeres. Ich kann nie etwas loslassen, was wirklich zu mir gehört.

Jetzt zerbröselt es mich aber. Bevor es zu verwirrend wird, schreibe ich lieber ein anderes Mal weiter. Bis dahin, alles Liebe, Sabine."

Angst machte sich in Stella breit. Sie atmete tief ein und versuchte die Angst zu umarmen. Mit spitzen Lippen, als ob sie durch einen Strohhalm blies atmete sie aus. Nach einigen Atemzügen wurde sie ruhiger. Kein Worst-Case-Szenario mit Gedanken nähren.

Später las sie noch einmal die E-Mail. Es war weniger die Formulierung als der Inhalt einer Stelle, der Stella irritierte: Wenn ich denke, bin ich nicht im Hier und Jetzt. Aber ich denke doch, und das ist ein ganz natürlicher Teil von uns Menschen, der uns weiterbringt, hilft. Ich kann und will doch nicht einfach aufhören zu denken. Das ist echt nicht realistisch!

„Hi Stella, das war vielleicht etwas missverständlich ausgedrückt, sorry. Natürlich gehört Denken zu unserem Leben, es ist ja ein fantastisches Instrument, das wir Menschen haben und uns in vielen Bereichen super hilfreich ist. Wir versuchen also Lösungen mit dem Verstand zu finden, auch weil wir es so gelernt haben. Wenn du dein Leben mit dem Verstand erfassen könntest, hättest du es nicht schon längst getan? Denken bringt uns also nicht immer eine Lösung, eine Erklärung, einen Weg. Und selbst wenn, heißt das nicht, dass es immer die beste Lösung, der beste Weg wäre. Wie können wir also aus einem größeren Pool schöpfen?

Lass es mich einmal so erklären: Es gibt nur das Jetzt zum 'Er-leben', weil auch Gedanken, Erinnerungen, Visionen nur im Jetzt möglich sind, auch wenn sie sich auf die Vergangenheit oder Zukunft beziehen. Alles(!) tut man also im Hier und Jetzt. Tun bedeutet nicht nur physisches Tun, Agieren, es bedeutet, welche Energie erzeuge ich? Das innere Tun beeinflusst unser äußeres. Wir leben von innen heraus. Es geht mir darum, die Aktivitäten im Außen mit innerer Aufmerksamkeit und Achtsamkeit zu tun. Beim Denken ist unsere innere Aufmerksamkeit und Achtsamkeit nicht auf das Wahrnehmen gerichtet, wir sind nicht in der Offenheit. Offenheit für die Kreativität des Universums, für Inspiration und Intuition. Es gibt zwei verbreitete Wege, dem Leben zu begegnen: Wir versuchen eben, Lösungen mit dem Verstand, linear zu finden, oder wir 'ergeben' uns dem Leben, nehmen es quasi schicksalhaft an. Beide Wege stellen jedoch keine kraftvolle Verbindung zum Leben dar, keine Partnerschaft. Wenn wir unser Etwas-nicht-Wissen, unser Not Knowing akzeptieren und aus dieser Akzeptanz heraus uns öffnen, neugierig werden, mit allen(!) Sinnen aufzunehmen, dann kann uns das Universum Lösungen aufzeigen, wir bekommen Zugang zu der unbegrenzten Unterstützung des Universums. In dieser Haltung wird Ungewissheit und das Unerwartete zur neuen Norm. In jedem Moment gibt es unendlich viele Möglichkeiten, wie sich die Realität manifestieren kann, und unendlich viele Wege, wie wir uns dem nähern, was uns im Leben wichtig ist. Doch unsere begrenzten Denkgewohnheiten schießen mit ihren Standardwegen ein und stören unsere Fähigkeit, aus den unbegrenzten Möglichkeiten zu schöpfen. Da der Verstand konditioniert ist, in bestimmte Richtungen zu schauen, kann er nicht wirklich frei die nächsten Gedanken wählen. Ein Gedanke an sich macht erst dann etwas, wenn wir ihn glauben. Wir können ihn aber auch weiterziehen lassen wie eine Wolke über einer sonnenbeschienenen Landschaft und unsere Aufmerksamkeit wieder dem Empfangen mit allen Sinnen zuwenden.

Ist diese Erklärung für dich hilfreicher? Ich freue mich auf deine nächste Mail, alles Liebe, Sabine."

24.

Als Stella aufwachte, lag ihr Zimmer in einem helleren, milden Licht. Verwirrt schaute sie aus dem Fenster. Dicke Schneeflocken tanzten durch die Luft, wie Puderzucker hatte sich eine Schicht aus Schnee über die Stadt gelegt. Die Geräusche waren gedämpft, wenngleich der frühe Winter-einbruch für Verkehrschaos sorgte. Die Arme auf das Fensterbrett gestützt beobachtete Stella die Flocken, ihr Wirbeln, als ob sie voller Lebensfreude wären. Sie griff zum Handy und verabredete sich mit Mara. Als sie schon fast aus der Tür war, kam ihr ein Gedanke und sie griff erneut zum Handy und tippte eine SMS.

Die Lebensfreude der Flocken schien ansteckend zu sein. Mara und Stella wirbelten wie die Flocken umeinander, lachend und tanzend mit ausgebreiteten Armen, die Köpfe in den Himmel gereckt. Kim kam kurze Zeit später dazu. „Super!", meinte Stella, „jetzt können wir mit dem Schneemann anfangen." Sie bemerkte Kims Zögern und flüsterte ihm, als Mara außer Hörweite war, zu: „Lass das Kind in dir raus, ich glaube es sehnt sich danach." Sie begannen den Schnee zu rollen, doch er wollte nicht richtig haften, selbst mit Drücken bekamen sie nur kleine Bälle zusammen. „Na, dann bauen wir eben mehrere kleine auf der Bank." Stella dachte nicht ans Aufgeben. Auch Mara nicht. „Au ja, eine Schneefamilie!" Kim baute einen merkwürdigen Schneemann mit vier Stöckern, als ob er umgefallen wäre. „Der Familienhund!" Sie prusteten los und Mara zückte ihr Handy. „Foto! Vielleicht sollten wir einen Facebook-Account für Family Snow eröffnen!" Schon lief sie mit dem Handy umher und fotografierte die Flocken. „Ich find Schneekristalle so schön, vielleicht können wir sie ja am Computer in der Vergrößerung erkennen. Da, die ist richtig fett!"

„So, und jetzt fahren wir zu mir. Ich mach uns Spaghetti!" Mara hakte sich bei Stella und Kim ein und zog sie zu den Rädern. „Ihr könntet schon mal die Fotos laden", rief sie bei sich aus der Küche. „Kim, weißt du, wie man die Fotos so richtig vergrößern kann?" Kim bezweifelte zwar, dass die Fotoqualität ausreiche, versuchte es aber trotzdem. Er ließ mehrmals ein Schärfeprogramm laufen und versuchte es mit Zwischenspeichern, doch die Auflösung war einfach zu gering. Mara schaute über seine Schulter. „Schade, aber danke! So, das Essen ist fertig." Beim Essen fiel Kim etwas ein: „Da gibt es einen Japaner, ich glaub', Emoto heißt er. Der hat Experimente mit Wasser gemacht. Er füllte Wasser in Flaschen und beschriftete diese mal mit negativen Begriffen wie 'Hass', mal mit positiven wie 'danke!'. Dann fror er das Wasser ein und untersuchte die entstandenen Eiskristalle. Wasser, das mit positiven Botschaften beschriftet wurde, bildete schöne, heile Eiskristalle, Wasser, das negative Botschaften erhielt, unvollkommene, missgebildete. Emoto sieht das als Beleg, dass Wasser die Einflüsse von Gefühlen und Gedanken aufnehmen und speichern kann."

„Und es wäre wieder ein Hinweis, dass unsere Gedanken auf Materie einwirken können." Mara legte ihre Gabel beiseite. „Wenn man bedenkt, dass unser Körper zu über 70% aus Wasser besteht… Puh, was da Gedanken bewirken können." Stella nickte. „Da wären wir wieder bei der Selbstliebe – damit es auch meinem Körper gut geht."

25.

Stellas Mutter rief am nächsten Tag an. Frustriert legte Stella auf. Sie sollte ja pünktlich zur Familienfeier kommen – hey, sie war nie zu spät, dafür war ihr Bruder zuständig! Lauter überflüssige Anweisungen, die ihr wieder einmal das Gefühl gaben, dass sie und ihr Verhalten gar nicht wirklich wahrgenommen wurden.

„Hi Stella, wir leiden nicht an dem, was uns als Kind gefehlt hat/zu viel war, sondern an den Gewohnheiten, Kompensationen, die wir deswegen entwickeln. Probleme weisen darauf hin, noch in der Opferrolle zu sein. Übernommene Prägungen können uns das Gefühl geben, Opfer zu sein, doch das Selbst, unsere Essenz, ist nie Opfer und wird uns nie schmerzhaft berühren. Wenn wir mit dem Leben hadern, setzen wir ihm Widerstand entgegen. Unsere Aufmerksamkeit liegt auf etwas Negativem. Eine Übung fand ich gut: Stell dir vor, dass du ein Paket vor dir hast, einen offenen Karton. Leg all das hinein, was du von deinen Eltern mitbekommen hast an Verhaltensmustern, Denkweisen, Werten etc., die du als für dich nicht passend, stimmig empfindest. Nimm dir ruhig Zeit und spür in dich hinein. Wenn du fertig bist, schließ das Paket, wenn du magst, kannst du es verpacken. Dann stell dir vor, dass deine Eltern vor dir stehen. Reiche ihnen das Paket und sage, 'das, was zu mir passt, nehme ich gerne, das andere gebe ich euch zurück.' Schau mit deinem inneren Auge, wie deine Eltern reagieren. Diese Übung kannst du natürlich auch mit anderen Personen machen – mit einem früheren Freund, Lehrer, mit den Großeltern…

Achtsamkeit führt zu Selbstehrlichkeit. Wenn ich glaube, dass mein Ego das ist, was mich ausmacht, fühle ich mich getrennt. Die Wahrheit ist, dass du nicht allein bist und tief in dir drinnen weißt du es. Deswegen tut es auch so weh, wenn man es anders erfährt. Das, was war, muss sich nicht notwendigerweise in der Zukunft fortsetzen, ich kann dem Ego Alternativen anbieten. Die Logik für den Verstand: Nichts geht verloren, alte Geschichten, Glaubensmuster müssen nicht ständig neu gelebt werden, sie existieren ja bereits. Alte Verhaltensmuster können gegebenenfalls gut sein (in manchen Situationen), sie können durch neue ergänzt werden, sodass wir eine größere Wahlfreiheit haben.

Meine Erwartungen zeigen mir, was ich glaube. Durch Veränderungen im Inneren verändert sich auch die erlebte Erfahrung im Außen. Es geht nicht darum, auf einmal etwas gut zu finden, was man eigentlich nicht mag. Ich bekämpfe aber nicht das Unangenehme, so würde es ja Energie erhalten, sondern wende mich dem Neuen, Gewünschten zu, lasse das Unerwünschte quasi stehen, zurück, während ich in die Zukunft gehe.

Wir sind wirkende, verbundene Kräfte, durch die sich das Universum materialisieren, ausdrücken, erfahren kann und nicht umgekehrt das Universum geschehen lässt. Das Göttliche in uns ist eine dynamische Macht, nicht eine passive Gegenwart. Der Beobachtereffekt, den die Quantenphysik bewiesen hat, bedeutet, dass es keine objektive Realität gibt. Es gibt keine Trennung von Beobachter und dem Beobachteten, keine Trennung zwischen dir und deiner Realität. Wir sind die Macht in unserem Leben, die Quelle unserer Lebensumstände.

Weißt du, Glücklich-Sein ist eine Wahl, die ich treffe! Die Suche im Außen geht von falschen Projektionen aus, die wir auf die Welt werfen. Doch nichts draußen kann uns vor dem Konflikt in uns retten. Erst wenn wir innerlich reich, voller Glück sind, können wir es im Außen leben. Wenn wir uns entscheiden, glücklich zu sein, verbinden wir uns mit unserer inneren Wahrheit. Immer, wenn wir bemerken, dass wir unangenehme Gedanken haben, können wir zu uns sagen: 'Ich entscheide mich, glücklich zu sein!' Wenn wir dies immer wieder im Alltag machen, schaffen wir die entsprechenden Vernetzungen in unserem Gehirn. Das hilft, den wirklichen Wandel zu vollziehen.

Wenn ich mich nicht gut fühle, dann erzählt mir mein Verstand Geschichten. Doch er kann ja nur aus dem Fundus schöpfen, der ihm bewusst ist, also begrenzt. Dagegen gibt es die bewusste Wahrnehmung: Ich nehme wahr, was schon da ist – an Liebe, Gesundheit, Fülle, Verbundenheitsgefühl, ich entscheide mich, anders 'wahr'zunehmen. 'Es ist mir bereits gelungen', so kann der Verstand mitspielen, denn er braucht materielle Beweise.

Berichte mir doch, wie es dir damit geht. Ich freu mich drauf. Alles Liebe, Sabine."

Stella beschäftigte der Gedanke, dass wir unsere eigene Macht sind. Was ist diese Macht für mich? Sie spürte in sich hinein. Suchte ihre Macht. Stimmig fühlten sich diese Gedanken an: Eine in die Welt hineingebende Macht, die entstehen lässt, daher auch ein nach außen fließendes Gefühl, die Energie von Lakshmi beinhaltend, zu der sie bereits einmal eine Vision von ihr als nie versiegende Quelle gehabt hatte. In Bezug auf meinen Charakter und meine Werte fühle ich mich machtvoll, sie geben mir Kraft, Stärke, sind präsent, doch das Ausleben, da ist eine Blockade, auch wenn ich weiß, dass ich immer die Kraft haben werde, um in Würde und Stimmigkeit mit meinen Werten zu leben. Diese Werte haben mir Halt gegeben.

Macht hat für mich viel mit Stimmigkeit und Unabhängigkeit zu tun, mit Ausstrahlung und Selbstbewusstsein, Präsenz und Souveränität. Macht gibt Kraft – zu machen, zu wählen, zu entscheiden, zu können (auch sein lassen zu können).

Stella spürte diese Macht in sich, es war wie ein inneres Aufrichten. Als ob sie eine Krone tragen würde. Sie spürte eine Entschlossenheit aus dieser Haltung heraus – und irgendwie auch ein Erwarten, sie war sich sicher, dass es so geschieht, wie sie es wollte und wünschte.

In der Nacht hatte Stella einen Traum. Sie ging durch eine Landschaft und gelangte an einen Fluss. Auf der anderen Seite war die Landschaft schöner und sie konnte eine Stadt erkennen, aus der Musik und Lachen drang. Doch es gab weder eine Brücke noch ein Boot. Der Fluss floss schnell und schien tief zu sein, auch schwimmend schien sie ihn nicht überqueren zu können. Zögernd und überlegend stand Stella am Fluss, als hinter ihr ein älterer Mann auftauchte. Sie schien ihn zu kennen und ihm zu vertrauen. Er nickte ihr aufmunternd zu, als ob er ihr sagen wollte: Du kannst es und weißt auch wie. Stella atmete tief durch und fasste Mut. Dann stellte sie sich an den Fluss und ließ eine goldene Brücke aus ihrem Herzraum wachsen. Glücklich und fast schon triumphierend drehte sie sich zu dem Mann um, der ihr zulächelte. Ja, sie konnte es, sie hatte die Macht.

Ein lauter Geräuschteppich lag über der Mensa. Geschirr schepperte, Gesprächsfetzen flogen umeinander, Stühle schabten über den Boden. Mara und Stella suchten sich in einer relativ ruhigen Ecke einen Tisch. Der Gedanke Glücklich zu sein ist eine Entscheidung, eine Wahl, die ich treffe, kreiste in Stellas Kopf. Wäre auch ein guter Gedanke für Maras Traumata-Arbeit. Mara hörte konzentriert zu und nickte, während sie den Gedanken einbettete. „Weißt du, ich muss an einen Spruch von meiner Oma denken: 'Freu dich auf die Zukunft, dann kommt sie dir lächelnd entgegen.'"

Stella musste unwillkürlich lächeln. Sie fühlte sich leichter, irgendwie besser durch das Lächeln. Vielleicht sollten sie versuchen, öfter mit einem Lächeln durch das Leben zu gehen. „Ok, lass uns 14 Tage 'Lächeln' probieren und dann machen wir einen Zwischencheck, wie es gelaufen ist."

Und dann erzählte Mara, dass sie mit ihrem Vater gesprochen hatte. Mara preschte in einem Wahnsinnstempo voran, hatte Kontakt zu weiteren führenden Köpfen aufgenommen und mit einer Hartnäckigkeit nachgehakt, dass selbst die Assistenten, die besonders gut abblocken konnten, nachgaben. So hatte Stella Mara noch nie erlebt.

26.

Erst, wenn wir innerlich glücklich sind, werden wir es im Außen leben. Der Gedanke beschäftigte Stella. Leichter gesagt als getan.

„Hi Stella, du verstehst das Gesetz der Anziehung. Was du in deinem Leben haben möchtest, musst du nach außen ins Leben ausstrahlen. Also: Wenn du etwas in deinem Leben haben möchtest, materiell oder immateriell, dann zeige das, was du in diesem Bereich schon hast, damit du in die Schwingung des Habens in diesem Bereich kommst. Was auch immer du in deinem Leben (mehr) haben willst, zeige, dass du es bereits in Fülle hast. Sei die Quelle! Die Natur des Bewusstseins ist Expansion, mehr davon.

Die Tatsache, dass du etwas geben kannst, etwas weggeben, ausstrahlen kannst, lässt dich erfahren, dass du es hast! Zum Weggeben. Da du nichts geben kannst, was du nicht in dem Moment hast, kommt der Verstand zu einem Schluss, einem neuen Gedanken über dich: Nämlich dass du es bereits haben musst, denn sonst könntest du es ja nicht weggeben. Dieser neue Gedanke lässt dich in dem Haben sein, dessen, was du gibst. Und wenn du anfängst, das zu sein, was du in deinem Leben haben möchtest, dann gibst du quasi Gas in Richtung Erfüllung. Das, was du bist, erschaffst du. Wenn du mehr Freude in deinem Leben haben willst, dann lebe Freude, wenn du mehr Wissen in deinem Leben haben willst, dann gib dein Wissen weiter, wenn du mehr Verbundenheit in deinem Leben spüren möchtest, zeige dich verbunden mit anderen.

Wer hat, dem wird gegeben. Wenn ich Liebe in mir habe, dann bekomme ich Liebe, wenn ich das Gefühl von Erfolg in mir habe, ziehe ich weiteren an. Wenn ich das Gefühl von Schönheit und Luxus in mir habe, werde ich es im Außen anziehen. Deswegen kultivieren wir das Haben. Die Materie nimmt die Form an, die wir ihr via unseres Bewusstseins geben.

Wenn wir uns selber füllen, dann findet uns alles im Außen. Eine erfüllte Persönlichkeit zieht Erfüllung an. Wenn du viel vom Leben willst, dann lass viel Leben aus dir raus. Großzügigkeit ist ein Zeichen des Vertrauens in Fülle und Überfluss. Lass viel Freude, viel Liebe, viel Wissen aus dir heraus. Es gibt kein Zuviel an Freude, Schönheit, Freiheit! Du kannst nie zu viel wollen. Und es gibt keine Hierarchien im Universum, es wertet nicht. Daher sind alle Wünsche gleich groß, gleich wichtig. Wichtig ist das, was du gibst, ausstrahlst. Es gibt nichts Absolutes, alles ist in ständiger Veränderung. Wir stehen in Beziehung mit den Umständen, gestalten die Zusammenhänge, den Kontext.

Unser Glaube an Beschränkungen verhindert das Abweichen von der Realität, die wir für normal halten und in der Wunder eher selten vorkommen. Vertrau der Synchronität des Universums. Wenn du beginnst, dich der Idee zu öffnen, dass deine Intention die passenden Menschen und Umstände in dein Leben zieht, dann scheint es so, als ob wirklich Magie passiert. Du erschaffst Fülle, die weit über das Monetäre und Materielle hinausgeht. Du erhältst Führung aus Quellen, die nicht zufällig in dein Leben kommen konnten. Wenn wir im Vertrauen sind, dass alles darauf ausgerichtet ist, sich zum Besten zu entwickeln, werden wir entsprechenden Menschen und Situationen begegnen. Die Rückkopplungsschleife: Wunder sind, halte ich für normal. Gabriele Bernstein definiert Wunder so: 'Es ist einfach ein Wahrnehmungswechsel. Es ist der Moment, in dem du deine Meinung änderst und anstatt einer ängstlichen eine liebevolle Perspektive wählst. Ein Wunder kann der Moment sein, wo du einen Glaubenssatz loslässt oder dir für etwas vergibst. Es ist wirklich das Sich-Öffnen, das die Dinge wie selbstverständlich in dein Leben fließen lässt.'

Wenn du nicht mehr weißt, was du noch tun kannst, entspanne dich und sage dir, dass andere Teile von dir wissen, was zu tun ist, und dass sie das Ruder in die Hand nehmen werden. Die Haltung: Vielleicht bin ich jetzt nicht in der Lage, es anders zu sehen, aber ich bin offen dafür. Mach dir bei unangenehmen Situation und Themen bewusst, dass es allerbeste Lösungen gibt und dass Türen aufgehen, dass in diesen Situationen und Themen etwas ist, das gut wird. Das Paradies ist nur einen Gedanken entfernt – wenn du dich dafür öffnest. Wie immer herzlichst, Sabine."

Das Vertrauen in mich, dass ich alles, was ich brauche, in mir habe, um meine Wünsche zu verwirklichen, mein Leben in Leichtigkeit und Freude zu leben, das erscheint mir noch sehr theoretisch, abstrakt. Ich belaste meine Wünsche, weil ich mir selber nicht diese Leichtigkeit und Freude gebe, sie nicht selber erfülle. Daraus nährt sich aber wieder das Gefühl, nicht gut genug zu sein, mir selbst nicht zu genügen. Der Teufelskreis schließt sich. Stella schüttelte den Kopf, hatte das Gefühl, sich selber zu blockieren.

„Hallo Stella, auf die Schnelle eine Antwort, weil ich deine Frustration und deinen inneren Kritiker spüre. Um dich aus der Abwärtsspirale herauszuziehen, kannst du Wörter benutzen, die ermächtigen. Beispiel: Statt 'ich bin blockiert 'ich gehe täglich mehr in meine neue Lebensform, meine Leichtigkeit nimmt mühelos alle Blockaden mit.' Neues zu lernen und zu akzeptieren ist für uns besonders schwer, wenn es einer Änderung im Denken bedarf oder nicht zu dem passt, was wir bisher gelernt haben.

Der innere Kritiker als Teil unseres Egos, das uns in Sicherheit wissen mag, tut sich schwer damit, dieser neuen Sicht zu vertrauen. Vertrauen entsteht, wenn wir uns verbunden fühlen. Schau, womit du dich bereits verbunden fühlst. Und dann: Wie möchte ich mich fühlen (in der Erfahrung des gewünschten Zustandes)? Wo habe ich mich bereits schon so gefühlt? Was kann ich jetzt tun, um dieses Gefühl zu erzeugen? Was stoppt mich, steht im Weg? Wenn ich das Gefühl habe, festzustecken: Wo habe ich mich schon so gefühlt und den Durchbruch geschafft? Das Gefühl der Stagnation bedeutet: Wir haben unsere Sehnsüchte aktiviert (Energie zeigt uns Handlungsschritte), aber wir machen sie nicht. Vielleicht, weil wir sie noch nicht erkennen.

'Alles ist eingefaltet' (David Bohm). Zur Entfaltung bedarf es des Raumes, den wir erhalten, wenn wir uns von unseren Begrenzungen befreien, dem Gefühl Raum geben, damit es wirken kann. Da 'innen wie außen', ist nicht nur der äußere Raum unendlich, sondern auch der innere. Dem, was ich er-reich-en will, öffne ich mein Herz, schaffe in meinem Inneren ein Reich. Was nicht gefühlt wird, kann nicht verwirklicht werden."

27.

In Stellas Mail-Account war eine Nachricht von Mara: „Find ich spannend: Nicht nur im Gehirn, auch im Herz gibt es ein Nervensystem.

Die Neuronen dieses Nervensystems sind die Träger der Emotionen. Wissenschaftlich betrachtet ist das Herz ein Zentrum aus Kraft und Intelligenz. Das Herz und das Gehirn stehen in einem ständigen Austausch. Ziel ist es, Herz und Hirn in einen kohärenten, im Einklang seienden Zustand zu bringen. Dann empfinden wir Glück. Yeah! Cu,xo"

Sie hatten sich zum Plätzchenbacken bei Mara verabredet. Während sie die Küche in ein weißes Meer aus Mehl und Puderzucker verwandelten, flog ihr Gespräch von Thema zu Thema. Schließlich kam Stella auf die E-Mail zu sprechen. „Ich glaub, das Herz ist viel mehr, als wir ahnen. Weißt du, dass die Herzenergie bis zu 100-mal stärker ist als die Hirnenergie?? Sabine meint, dass bei Entscheidungen die Herzenergie der eigentliche Auslöser ist, der Verstand folgt in Bruchteilen von einer Sekunde nach. Gefühle sind dann die Interaktionen zwischen Verstand und Herz, Emotionen der Ausdruck nach draußen". „Hm, Energie ausstrahlen, da gibt es, glaube ich, Messungen von Energiefeldern, Kirlian-Fotografie. Müsst ich mal nachschauen." Mara kräuselte die Nase: „Oh shit!" Sie sprang auf, um die angebrannten Kekse aus dem Ofen zu holen. „Die brauchen ganz viel Puderzucker!"

Nachher saßen sie auf Maras Bett, Mara überlegte: „Was du da gesagt hast, dass die Herzenergie der Auslöser sei und der Verstand nachzieht. Manchmal kommt es mir vor, als ob der Verstand sein Veto einlegt und übernimmt." „Oh ja, da sind dann wieder die Beschränkungen, die Erfahrungen aus der Vergangenheit und die Ängste." Mara drehte sich zu Stella: „Und hat Sabine eine Idee, wie man das ändern kann?" „Es geht darum, im Moment zu sein, damit wir aufnehmen, wahrnehmen können. Im

Moment, also im Hier und Jetzt, sind wir, wenn wir unsere Sinne nutzen, bewusst sehen, hören, riechen, tasten, schmecken, mehr noch spüren, auch andere. Dann kann der Verstand nicht mit seinen Geschichten kommen. Kann ich?" Stella zeigte auf Maras Laptop und als diese nickte, loggte sich Stella in ihren Mail-Account ein. „Sie hat vor kurzem eine Mail in dieser Richtung geschickt. Warte, wo war es, …, ich glaub, diese Mail, da:

„Wenn wir unsere Sinne vom Herzen her nutzen, steuern, also das Sehen und Hören mit dem Herzen, dann empfinden wir Ekstase, dieses ganz große JA! Das Wahrnehmen durch den Filter des Herzens (das vom Herzen Ausgewählte) ermöglicht uns, die Intensität des Lebens zu er-leben und zu einem Gefäß für diese Intensität zu werden. Dazu versucht man das Gehirn gütig umzuerziehen, damit es von alten Geschichten loslässt und wir so offen werden für ein neues Wahrnehmen. Wenn wir alle Generationen als Seelenverwandtschaft ansehen, die ihre Erfahrungen in das universale Energiefeld einbringen, auf die wir zugreifen können, mit denen wir alle verbunden sind, dann haben wir eine gute Perspektive. So viele negative Erfahrungen sind schon gemacht worden, so viel Leid ist schon erfahren worden, das nicht noch einmal durchlebt werden muss. Die Zeit ist reif für überproportional viele schöne Erfahrungen. Unsere Vorfahren haben schon so viele negative Erfahrungen übernommen. Da schon alles gelebt und gelitten worden ist, braucht man sich nicht gegen das Leben zu stemmen (Worst-Case-Szenarien), sondern kann sich von ihm tragen lassen, indem man aufmerksamer wird für das Leben, den Moment, dem Hier und Jetzt. So kommen wir in den Fluss, das Gefühl des Fließens, der Leichtigkeit. Wir dürfen genießen, feiern. Das Sein ist ein ständiges Werden, es will sich erfahren, wird immer mehr durch uns. Wir geben unsere Erfahrungen ins Sein, quasi zum Wachsen, jeder fügt seine Bausteine hinzu.'"

Mara hatte konzentriert zugehört und nickte langsam, Stella konnte förmlich sehen, wie Maras Verstand arbeitete und versuchte, die Infos aufzunehmen. Schließlich holte sie tief Luft und lachte. „Also gegen Ekstase hab ich nichts. Auch wenn das Wort etwas – na ja – altmodisch klingt. Und gegen das Leben hab ich auch nichts. Lass uns feiern! Ich hol uns 'nen Prosecco." Tanzend kam sie mit zwei Gläsern zurück. „Erzählt Sabine eigentlich jetzt etwas von sich?" Stella schüttelte den Kopf. Maras Finger spielten mit dem Proseccoglas. „Das Leben ist Veränderung, sagt sie doch. Vielleicht würde sie sich jetzt über Fragen freuen. Frag doch mal dein Herz."

28.

Kim war bei Stella, um Updates, Speedup- und Sicherheitsprogramme auf ihrem Computer zu installieren. Der letzte Download brauchte einige Zeit. Stella nippte an ihrem Wasserglas. „Was für mich noch so unvorstellbar ist, dass wir in einem Informationsfeld leben sollen und alles abrufen können." Sie drehte das Glas in ihren Händen. Kim überlegte. „Der größte Teil des Universums – uns eingeschlossen – besteht aus vermeintlicher Leere. Angefangen bei einem Atom, wo zwischen dem Atomkern und den Elektronen viel Platz ist. Doch wir wissen, dass die Natur nichts ohne Grund macht, Leere allein macht keinen Sinn. Da alles ein Energiefeld ist, ist auch die vermeintliche Leere in uns ein Teil des Energiefeldes, manche nennen es Quantumfeld. Dann gibt es da noch Begriffe wie Akasha-Chronik oder morphogenetische Felder, die von der klassischen Wissenschaft nicht anerkannt..."

In dem Moment ging ein Alarm auf Kims Handy los. „Scheiße!" Kim starrte auf das Handy. Er wählte eine Nummer, keine Antwort. Zu Stella: „Ruf den Notarzt! Ich geb' dir die Daten." Hastig kritzelte er seine Handynummer, Sabines Adresse und einen medizinischen Begriff auf ein Papier, seinen Blick immer wieder auf das Handy richtend. "Sie sollen mich anrufen, hab' die Fallout-Werte." Wieder versuchte Kim eine Nummer anzurufen. „Geh schon ran!" Er ließ es lange klingeln, während Stella die Notrufzentrale informierte. Endlich schien jemand Kims Anruf zu beantworten. „Sabine, nimm drei Tabletten, hast du gehört, drei Tabletten! Und dann versuch zur Tür zu kommen, der Notarzt ist unterwegs! Leg nicht auf!" Zu Stella gewandt: „Wir müssen hin." Stella rief Mara an, um ihr Auto auszuleihen, Mara versprach, gleich loszufahren. „In zehn Minuten ist sie da." Kim nickte. Sein Handy klingelte, der Notarzt. Sie sprachen Fachchinesisch, Stella verstand kaum ein Wort. Dosis, Gaben, Werte, Stabilisierung. Sie schnappten sich ihre Jacken und liefen zur Straße runter. Mara kam eine Minute später um die Ecke gebogen. „Ich nehm' den Bus zurück, fahrt los. Tank ist fast voll. Navi ist im Handschuhfach." Stella sah Mara dankbar an.

Die Fahrt zog sich hin, zäh schienen die Kilometer am Auto zu kleben, obwohl der Verkehr nicht schlimm war. Unscharf flogen die Häuser und Bäume wie in Zeitlupe an ihnen vorbei. Es war alles so surreal, als ob die Zeit auf einmal eine andere Geschwindigkeit hatte. Wie in Trance fuhr Stella, umgeben von Fragezeichen. Kim war in Dauerkontakt mit dem Notarzt. Immer wieder gab er Werte durch. Der Krankenwagen war mittlerweile auf dem Weg in die Klinik. Was Stella mitbekam war, dass sie Sabine offenbar stabilisieren konnten. Kims anfängliche Anspannung, diese Intensität des raumgreifenden Vibrierens, die auch Stella gespürt hatte, wich langsam einer konzentrierten Aufmerksamkeit. Das ließ auch Stella ruhiger werden.

Endlich kamen sie in der Klinik an. Stella parkte in der Tiefgarage, sie hatte Mühe, mit Kim Schritt zu halten, als sie zu den Aufzügen liefen. Das Großklinikum war ein von Verbindungsgängen durchzogenes Gebäudewirrwarr, ungeduldig studierten sie die Orientierungskarte. „Haus C, 3. Stock, da lang", Kim zeigte nach links. Sie hasteten weiter.

Am Eingang der Intensivstation lag das Schwesternzimmer. Eine Krankenschwester arbeitete am Computer und blickte fragend auf, als Kim und Stella in der Tür standen. „Hier sind die Werte von Frau Hannemann. Dr. Schmidthöfer weiß Bescheid." Kim hielt ihr sein Handy hin. „Ach, Sie sind der junge Mann." Und mit einer Kopfbewegung zum Handy - „Ich bring es gleich zum Doktor. Warten Sie!" - eilte sie davon. Kim atmete auf. Er blickte sich um. Der lange Gang, das Linoleum, die breiten Türen, die Neonlichter. Der Geruch der Desinfektionsmittel, der etwas beißend in die Nase stach. Die gedämpften Geräusche, eine ständige Geschäftigkeit untermalend, das Piepen der Überwachungsgeräte. Schweißperlen traten auf seine Stirn, er begann zu zittern, war wie erstarrt. Stella erschrak. Ein Gedanke durchfuhr sie. Nur raus! Sie packte Kim am Arm und zerrte ihn zu dem Fahrstuhl. „Ich bring dich hier raus!" Stellas Herz pochte, warum dauerte das so lange, bis der Fahrstuhl kam! Neben dem Krankenhaus war ein Park. Auf eine Bank zustrebend, atmete sie tief ein und aus, in der Hoffnung, dass Kim es ihr nachmachte. Sie spürte: Jetzt nichts sagen. Langsam löste sich seine Erstarrung, Tränen liefen Kims Wangen runter, zunächst lautlos, dann wurde sein Schluchzen immer heftiger, den ganzen Körper einnehmend, zuckend, wie Wellen durchziehend. Kim saß auf der Bank, hatte sich nach vorne gebeugt, den Kopf mit beiden Armen haltend, die Ellenbogen auf die Knie gestützt, den Blick starr auf den Boden gerichtet. Stella schloss die Augen. Sie saß da, wusste, dass sie nicht mehr tun konnte als Holding Space, Kim sicheren Raum zu geben, damit er es ganz zulassen konnte. Kein Verurteilen, keine Kritik, keine Peinlichkeit. Wie ein Schutzraum, ausgebreitete Arme, alles von ihm fernhaltend. Lange saßen sie so nebeneinander, die Kälte kroch in Stellas Körper, als die Minuten verstrichen, doch das war unwichtig. Nach mehr als einer halben Stunde wurde das Schluchzen schwächer, Kims Körper zuckte weniger heftig. Langsam beruhigte er sich, schniefend, sich die Tränen mit dem Jackenärmel abwischend. Stella fischte aus ihrer Daunenjacke eine Packung Tempos heraus und legte sie auf Kims Bein.

„Boah, heftig!" Kim schüttelte den Kopf, schloss die Augen und atmete tief aus. Stella nickte mitfühlend. Schweigend saßen sie noch einige Minuten nebeneinander, bis Kim sich Stella zuwandte. „Schaust du nach Sabine? Ich glaub, dass ist jetzt nichts für mich." „Kann ich dich denn allein lassen?" Stella war besorgt. „Muss einiges sortieren. Ich lauf im Park rum, ok?" „Hm, da drüben ist ein Café, wenn du dir einen Tee holen magst, ist ziemlich kalt. Hier –", sie hielt ihm ihr Handy hin, „ruf auf der Station an, falls was ist, ich glaub, die machen eine Ausnahme."

Als Stella auf der Station ankam, war die Schwester mit einem Arzt im Gespräch. „Da sind Sie ja. Sie waren auf einmal weg. Und wo ist der junge Mann? Dr. Schmidthöfer würde gerne mit ihm reden." Sie zeigte auf den Arzt. „Kim hat nicht gerade gute Erinnerungen an eine Intensivstation, seine Mutter starb an Krebs, als er sieben war. Da kam eben, glaub ich, einiges hoch. Er will im Park bleiben." Der Arzt nickte verständnisvoll. „Dann würde ich mal so in einer viertel Stunde zu ihm gehen - ohne Kittel. Und sie können zu Frau Hannemann. - Ausnahme, Schwester Claudia! - Ihr geht es gut, die Werte sind stabil, wir wollen sie aber noch etwas beobachten." Er zog Kims Handy aus der Kitteltasche: „Echt genial, was er da gemacht hat."

Schwester Claudia nannte Stella Sabines Zimmernummer: „Am Ende des Ganges, vorletztes Zimmer rechts." Stella ging den Gang hinunter, an Zimmern mit offen stehenden Türen vorbei, die voller Überwachungsgeräte waren, so viel kalte Technik, so wenig menschliche Wärme. Wie musste das auf Kim gewirkt haben, damals? Sie schluckte. Und gleichzeitig merkte sie, wie sie immer aufgeregter wurde. Was für ein Tag. Alles war so aufwühlend. Klar, sie hätte sich ein erstes Treffen mit Sabine unter anderen Umständen gewünscht, aber es ging ihr ja schon deutlich besser. Stella klopfte an. Als sie die Tür öffnete, schien ihr die Wintersonne entgegen, sie ein wenig blendend. „Stella!" Überraschung und Freude schwangen mit.

Stella blinzelte und erkannte ein Bett an der linken Wand. Die Rückenlehne war aufgerichtet und da saß Sabine, die Hände auf der Bettdecke, und strahlte, selbst in dem Krankenhausnachthemd wirkte sie wie eine Königin, die Hof hält, dachte Stella. Braune halblange Haare umrahmten feine Gesichtszüge, auch wenn sie nicht klassisch schön war, so hatte sie doch eine Ausstrahlung, die für sie einnahm und sie als Schönheit erscheinen ließ. Ihre Aura aus Lebensfreude, Liebe und Würde stand im Gegensatz zu der kühlen Ausstattung des Zimmers, drängte alles andere in den Hintergrund. Es war sofort das Gefühl der Vertrautheit bei Stella da. Sie ging zum Bett und umarmte Sabine. „Ich bin so froh, dass es dir wieder besser geht!" Sabine drückte sie lachend. „Und ich erst! Kim hat da wirklich etwas Fantastisches geschaffen. Und er war super, wie er das mit den Ärzten gemanagt hat! - Aber sag mal, wie kommt es, dass DU hier bist und so schnell?" Stella erzählte ihr, dass Kim gerade bei ihr war als der Alarm losging. „Ist Kim denn mitgefahren?" Konzentriert hörte Sabine Stella zu, als sie erzählte, was passiert war. Dann lehnte sie sich kurz in ihr Kissen zurück und atmete tief aus. „Das ist ja wunderbar! Hatten wir nicht gerade über Wunder gemailt? Ein wunder-bares Beispiel für Wunder. Kim hat etwas zugelassen, aufgemacht. Ich bin mir ganz sicher, dass das nur ein Beginn war für viel mehr für ihn. Stella, du warst wunderbar, dein Gespür, dein Feingefühl ist eine große Gabe!" Stella schaute etwas fragend. „Na, du hast ihm die Möglichkeit dazu gegeben. Indem du so an seiner Seite warst, konnte er sich sicher fühlen und seine Trauer, Wut, all das endlich zulassen, spüren, anerkennen. Ach, ihr zwei seid so super. Ich bin so dankbar, euch in meinem Leben zu haben!" Sabine zwinkerte Stella zu. „Weißt du, was das Schöne an Dankbarkeit ist? Wenn wir dankbar sind, dann sind wir in erster Linie uns selber dankbar, weil wir das, wofür wir dankbar sind, erschaffen und in unser Leben gezogen haben." Stella drückte lächelnd Sabines Hand. Sabine überlegte. „Kims Programm und die Medikamente - das ist mein Wunder! Vieles verstehe ich noch nicht. Kim sagte zwar, er wird es mir erklären, doch wir mussten erst einmal das Wettrennen gegen die Krankheit gewinnen. Wie kamt ihr eigentlich darauf, dass ich krank bin?" Stella begann zu erzählen, dass sie sich gefragt habe, warum Sabine nichts von sich erzählt und die Webseite gemacht habe. Dass sie eines Nachts aufgewacht sei mit dem Gefühl, dass die Webseite einen wichtigen Hinweis enthielt. Als sie dann Sabines Nachnamen las, Hannemann-Luckwerth, habe etwas bei ihr geklickt. Luckwerth, der Name kam aus dem Althochdeutschen. Sie habe in der Bibliothek gesucht und einen Stammbaum gefunden. Selbst für frühere Verhältnisse seien ihre Ahnen jung verstorben. Der Gedanke an eine Erbkrankheit, so klischeehaft er sein mochte, habe sich stimmig angefühlt. Mit Hilfe der Bibliothekarin, die im Archiv der alten Schriften, die nicht einmal zur Ansicht freigegeben seien, recherchiert hatte, habe sich eine kryptische Umschreibung der Krankheit gefunden. Stella habe von ihrem Professor für althochdeutsche Literatur zwei Hinweise zur Krankheit bekommen und schließlich Mara als Medizin-studentin hinzugezogen. Mara habe weiter nach der Krankheit geforscht, mit Genforschern gesprochen und sei schließlich auf die Epigenetik und auf erste Medikamente, die die Methylierung beeinflussen, gestoßen. Und dabei auf ihre Berufung! Doch Sabines Krankheit sei so selten und kompliziert, dass sie nicht im Fokus der Forscher stehe. Selbst wenn ein sich noch in der Testphase befindliches epigenetisch wirkendes Medikament, das Mara ausfindig gemacht hatte, bei Sabine wirken sollte, zu viele Werte müssten dauerhaft kontrolliert und gegebenenfalls mit weiteren Medikamenten korrigiert werden. Enttäuscht hätten sie Kim von ihren Nachforschungen erzählt, damit er wenigstens von der Krankheit erfuhr. Doch Kim sei nicht bereit gewesen, dies so zu akzeptieren. Er habe sich von Mara alle Informationen geben lassen und Stella nach zwei Monaten angerufen. Er habe ein Programm geschrieben, es sei noch rudimentär, aber mit ihm könne man die wichtigen Werte kontrollieren. Tja, und den Rest wisse sie.

Bevor Sabine etwas sagen konnte, legte Stella Sabine den Finger auf die Lippen. „Du legst dich jetzt bitte wieder hin und nutzt alle deine Energie zum Gesundwerden. Wir haben noch so viel Zeit, jetzt, wo Kims Programm und die Medikamente wirken. Ich schau mal nach Kim und Dr. Schmidthöfer. Kim dürfte mittlerweile ein Eiszapfen sein."

Als Stella in den Park kam, saßen die beiden Männer auf der Parkbank, so in ein Gespräch vertieft, dass sie gar nicht mitbekamen, wie Stella näher kam. Dr. Schmidthöfer schaute als Erster auf. „Hallo Stella, – ich darf dich doch duzen? – du kommst gerade passend. Wir sind eigentlich fertig, oder Kim?" Kim nickte. „Ok, Partner. Ich muss auch wieder hoch, und du, glaube ich, ins Warme. Aber das ist so faszinierend, da vergisst man die Kälte." Sie verabschiedeten sich mit high-five. Während Kim und Stella zum Auto gingen, sprudelte es aus Kim heraus: „Michael, also Dr. Schmidt-höfer, und ich werden das Programm weiter entwickeln und ein Gerät damit auf den Markt bringen. Micheal gibt das medizinische Wissen und die Anforderungen an das Programm, und er hat beste Verbindungen zu einer Firma, die medizinische Geräte entwickelt, sein Vater ist Teilhaber. Und er hat mir aufgezeigt, wofür das Programm alles einsetzbar ist. Das ist der Hammer!" Kim glühte förmlich vor Begeisterung, kein Wunder, dass er die Kälte nicht gespürt hatte.

Die Rückfahrt war ruhig, der Verkehr schien entspannt dahin- zufließen und auch bei Kim und Stella schien die Anspannung des Tages abzufallen. Stella richtete Kim Sabines Grüße und die Message aus. Kim nickte. „Im Krankenhaus, da kamen auf einmal alle Erinnerungen an die letzten Tage meiner Mutter hoch. Und dann im Park, da hab ich die Angst und die Traurigkeit von damals gespürt. Das war so überwältigend. Ich konnte nichts machen. Da hab ich zum ersten Mal verstanden, wie es meinem Vater ging. Er war einfach nur noch Schmerz und Trauer und Angst. Überfordert. Meine Mutter wollte nicht sterben, sie hat so am Leben gehangen. Sie hat gegen den Krebs gekämpft. Doch er war stärker. Und meine Eltern waren machtlos dagegen. Das hat meinen Vater so wütend gemacht, dass er sie nicht retten konnte. Ich hab begriffen, dass hinter all dem immer die Liebe stand. Auch zu mir. Doch wenn ich versuchte, meinem Vater meine Liebe zu zeigen, dann erinnerte er sich immer an seine vermeintliche Unfähigkeit und Wut auf das Leben. Er hat sich überwältigen lassen und ist nie aus dieser Haltung herausgekommen, hat sich als Opfer angesehen, immer mit seinem Schicksal gehadert und ist in den Alkohol geflohen. Das heißt nicht, dass ich das jetzt toll finde, aber es ist ok, meine Wut auf ihn ist weg. Und dann, als du bei Sabine warst und ich im Park rumgelaufen bin, da kamen Bilder, als ich noch ganz klein war, der Krebs noch nicht alles bestimmte. Da war ganz viel Liebe, meine Mutter, mein Vater, ich, das war die Familie, die ich mir immer gewünscht hatte. Und dabei war sie in mir. Nur, dass die ganzen Bilder weg waren. Unterdrückt, weil der Unterschied zu später zu groß war." Kim holte Luft. „Das, was man unterdrückt, versucht einen zu unterdrücken. Vorhin hab ich den Satz verstanden." Stella drückte Kims Arm. Sie war so froh. Was für ein Tag! Kim schlief erschöpft auf dem Beifahrersitz ein.

29.

Eine Woche später lag ein Brief in Stellas Briefkasten. „Liebe Stella, ich bin wieder zu Hause. Alles prima. Meine Werte haben sich deutlich verbessert. Du hättest Dr. Schmidthöfer erleben sollen. Er ist so voller Enthusiasmus und Leidenschaft für das Projekt mit Kim. Ich freu mich so!

Ich kann es immer noch nicht fassen. Es ist so unglaublich, was ihr da geschafft habt! Mir laufen die Tränen runter beim Schreiben und irgendwie fehlen mir die Worte." Die Blätter waren mit Wasserflecken übersät. „Wenn du deiner Intuition nicht gefolgt wärest, würde ich jetzt tot sein. Da versuche ich, euch zu vermitteln, dass ihr die Schöpfer eurer Realität seid, und bin doch selber in der Opferrolle meiner Krankheit gewesen. Über Jahrhunderte hat sie meine Vorfahren früh sterben lassen und es gab keine Heilung. – So sah es aus. Als die Krankheitsschübe heftiger wurden, hab ich die Webseite konzipiert. Ich wollte mein Wissen weiter geben, das ich mir in den vielen Krankheitstagen angeeignet hatte. Da mir nicht viel Zeit blieb – so schien es zumindest -, hab ich die Schwierigkeiten einbauen lassen, damit jemand, der wirklich interessiert und intelligent ist, es schafft. Dein Wissensdurst, dein Wille hat dich zu mir geführt und unseren Austausch begleitet. So hatte ich das Gefühl, wenigstens etwas hinterlassen zu können.

Doch ihr seid mehr, du, Mara und Kim. Als Kim mich mit eurem Verdacht konfrontierte, war ich sprachlos. Einige Wochen später stand er dann auf einmal vor meiner Tür, überrumpelte mich. Er erzählte mir von seinem Programm und dem neuen Medikament, gab mir ein Messgerät, das ich tragen sollte. Er redete so auf mich ein – weißt du, er kann ganz schön überzeugend sein, wenn er sich etwas in den Kopf gesetzt hat. Als er dann auch noch weinte, dass er mich nicht auch noch verlieren will, da musste ich doch einfach mitmachen. 'Damals, mit sieben, da konnte ich nichts ändern, aber jetzt will ich es wenigstens versuchen!'

Durch euch hat sich eine andere Möglichkeit aufgetan, eine, die ich mir nie hätte ausdenken können. Das Universum hat seine Kreativität spielen lassen. Ja, ich will und werde leben – dank euch! Dank euch hab ich jetzt hier eine Zukunft, das eröffnet ganz neue Perspektiven für mich. Und so sitze ich hier, staunend über dieses Wunder. Sobald ich weiter zu Kräften gekommen bin, werde ich euch mehr von meiner übergroßen Dankbarkeit zeigen. Ich umarme dich aus tiefstem Herzen. Sabine".

Jetzt war es Stella, der die Tränen herunter rannen.

Mara, Stella und Kim hatten sich bei Stella getroffen. Kim sah übermüdet aus. Er arbeitet wie verrückt an der Weiterentwicklung seines Programmes. Der kurzen Auszeit hatte er auch nur zugestimmt, um die beiden auf den neuesten Stand zu bringen. „Dann kann ich deinem Vater auch das Geld zurück zahlen, dass er mir für die Geräte geliehen hat. „Mara schüttelte den Kopf, „nicht geliehen, gegeben. Er war so dankbar, dass er damals den Unfall überlebt hat, auch dank der tollen Ärzte, mit dem Geld möchte er helfen, dass andere Leben gerettet werden. Das Thema findet er genauso spannend wie wir. Das Potential darinnen, - er sagt, das ist die Zukunft." Maras Augen blitzten. „Sabine hat übrigens zugesagt, dass ich meine Doktorarbeit über sie schreiben kann. Das sei das mindeste, was sie für mich tun könnte, meinte sie. Stella umarmte Mara ganz fest. Durch Arme und Haare hindurch schielte Mara zu Kim: „Wäre vielleicht auch ein Abschlussthema für dich, oder?"

Mara ging auf die Toilette. „Woher wusstest Du eigentlich Sabines Adresse?" Stella dachte an ihre vergebliche Internetsuche. Kim zog die Stirn in Falten und wiegte den Kopf. „Ich musste es einfach tun." Stella verstand. „Euer Verdacht, ich hab Sabine damit konfrontiert. Sie hat abgewiegelt, aber ihre Stimme war anders und sie zögerte etwas zu lange, da wusste ich, dass ihr Recht hattet. Ich glaub, sie wollte uns nicht damit belasten."

30.

Die Studentengruppe hatte sich auf dem Weihnachtsmarkt verabredet und stand, sich an ihren Bechern mit Glühwein und Punsch wärmend, an einer Bude. Stella dachte an Weihnachten, ihr Blick fiel auf Kim. Ob er wohl Weihnachten feierte? Ihr kam eine Idee. „Wenn du magst, du bist eingeladen, Weihnachten mit uns zu feiern. Ich würde mich freuen, könnt' Verstärkung gebrauchen und ich möchte nicht, dass du Weihnachten alleine bist." Kim sah sie überrascht an. „Danke! Aber hab mir gedacht, wäre kein schlechter Anlass, meinem alten Herrn einen Besuch abzustatten. Ist lange her." Stella hielt den Daumen hoch und nickte bestätigend.

Zu Hause kamen ihr Gedanken an frühere Weihnachten. Sie hatte immer versucht, die Anerkennung und das Lob ihrer Eltern zu bekommen. Doch das schien ihr jetzt nicht mehr so wichtig. Nicht, weil sie jetzt selbstständig, quasi erwachsen war und ihre Eltern nicht mehr der Gradmesser waren, auch die Anerkennung von anderen war nicht mehr so wichtig. Hauptsache, es fühlte sich gut, stimmig für sie an, was die anderen dachten, war deren Sache. Natürlich freute sie sich, wenn die Professoren ihre Arbeit lobten, Freunde ihr Komplimente machten, aber sie brauchte es nicht mehr, sehnte sich danach nicht mehr so. Das war wie Sahne auf den Erdbeeren, es schmeckte auch lecker ohne.

„Hi Stella, Dein Energiefeld ist der Ausdruck deiner Gedanken, Empfindungen und Gewohnheiten. Diese Gedanken, Empfindungen, Gewohnheiten lassen uns das Leben auf eine uns eigene Art erfahren. Denn wir erfahren Leben nie direkt, wir erleben unsere Wahrnehmung des Lebens und dann unsere ultimative Projektion in diese Erfahrung, also quasi unsere Reaktion auf diese Wahrnehmung.

Mir wird viel mehr gegeben, als mir bewusst ist, ich bewusst verlange. Deswegen ist es hilfreich, keine konkrete Erwartungshaltung zu haben, wie etwas sich in unserem Leben manifestiert, verwirklicht. Es wird bestmöglich geliefert, wenn ich in Übereinstimmung mit meinem Selbst handle. Du bekommst vielleicht nicht das, was du wolltest, aber das, was Dich inspiriert, Dir neue Türen öffnet. Was bedeutet das für uns? Wir übernehmen Eigenverantwortung, denn wir erschaffen. Eigenverantwortung bedeutet: Ich bin frei, ich ermächtige mich. Doch wir sind nicht alleine. Das Universum unterstützt uns. Support ist da, aber aufstehen muss ich selber, dann zeigt sich die Unterstützung. Was es dazu braucht? Vertrauen und Hingabe. Wir sprachen ja schon darüber. Dann ist es wie ein inneres Zurücklehnen, ein Los-lassen, ein Seinlassen, ein Entspannen, ohne das Gefühl, etwas tun zu müssen, und dennoch mit dem Gefühl, aktiv zu sein, durch Beobachten, Aufnehmen, Wählen.

Im vollen Vertrauen in die Verbundenheit des Universums, der bedingungslosen Liebe und Unterstützung fühle ich mich eingebettet in grenzenloses Wohlwollen. Diese Haltung lässt mich ein sicheres Universum schaffen. Es wächst durch mein Vertrauen in mein Universum. Es gibt keine Notwendigkeit mehr zur Verteidigung. Ist unser Ego im Gleichklang mit dem Selbst, dann sind wir in unserem inneren Paradies, in unserem sicheren Universum. Wenn das Ego erkennt, dass es eingebettet ist in ein universelles Feld, kann es entspannen und seinen eigentlichen Aufgaben nachkommen, dem Selbst klare Anweisungen zu geben. Barbara Marx Hubbard beschreibt es so: 'Das Ego arbeitet für unsere Sicherheit und unseren Erfolg im Leben. Ist es einmal eingebunden in das Selbst, kann es als die ausführende Kapazität unseres ganzen Seins erscheinen, um unserer Essenz eine Form in dieser Welt zu geben.'

Erfüllung ist dann erreicht, wenn ich frei von mich beschränkenden Glaubenssätzen bin, also frei wählen kann. Fülle und Freude werden durch unsere Beschränkungen blockiert. Doch das Selbst mag sich nicht einschränken lassen, es ist viel mehr als ich wahrnehme. Fülle generiert andernorts nicht weniger, wir nehmen also niemanden etwas weg. Wenn ich überfließe vor Glück, werde ich nicht weniger, sondern mehr. Ich lasse Überfluss durch mich hindurchfließen. 'Er-füllt', denn auch ich gebe, lasse ich ihn aus mir herausfließen. Das Universum braucht auch mich, um sich zu erfahren. Oder anders ausgedrückt:

Das Göttliche ist in uns, da es sich durch uns erfahren will, es sich nicht selber erfahren kann. Neale Donald Walsch hat es ungefähr so formuliert: Die menschliche Seele ist ein direkter Ausdruck und eine einzigartige Persönlichkeit, Individuation des Göttlichen, so wie ein Wassertropfen im Ozean vom Wesen her Ozean und dennoch nicht die Gesamtheit des Ozeans ist, sondern individueller Teil. Die Seele geht in die Körperlichkeit oder die individuelle Realität eines jeden von uns, um eine grenzenlose Erfahrung des Göttlichen zu erschaffen und nicht eine begrenzte Erfahrung von Menschsein.

Der Körper ist wie ein Haus für das geistige Selbst. Wir sind geistige Wesen, die physische Erfahrungen mit dem Körper sammeln. Entwicklung ist die Reise hin zum Vertrauen in das, was ich bin: Ein göttlich-menschliches Ereignis.

Im sicheren Universum bedarf es keiner Bestätigung durch andere. Denn was bedeutet das? Dass wir selber Zweifel an uns haben, die andere für uns ausräumen sollen. Doch wenn wir selber an uns zweifeln, dann werden wir die Bestätigung durch andere nicht innerlich akzeptieren. Der innere Kritiker wird loslegen: Die sehen ja nur einen Teil von mir, wenn die wüssten, die müssten mal genauer hinschauen. Da sind sie wieder, unsere Begrenzungen, Glaubenssätze. Doch wenn du jeden Teil von dir mit Liebe umarmst, dann hast du die Anerkennung, die du brauchst. Es ist die Anerkennung des eigenen Wertes, denn alles hat einen natürlichen Wert und sollte wertgeschätzt werden. Das Betrachten der Welt mit einem liebevollen Blick schließt dich selber ein. Selbstliebe ehrt das eigene Wesen.

Krishna Murti sagt: 'Die höchste Form menschlicher Intelligenz ist die Fähigkeit, sich selber ohne Verurteilung zu beobachten.' Durch die Selbst-liebe bist du in Übereinstimmung mit deinem Selbst, deinem Geist, in der höchsten Schwingung und hast die Fähigkeit, alles zu erschaffen. Unsere Handlungen drücken dann den nach außen drängenden Geist aus.

Bist du in der Selbstliebe, in deinem sicheren Universum, dann begegnest du dem Leben voller Vertrauen und Liebe und in der Haltung, dem Bewusstsein, der machtvolle Gestalter zu sein. Jedes vermeintliche Problem kommt auch mit Lösungen einher. Begegne ich dem Problem in meinem sicheren Universum, in der Liebe, dann kann sich die bestmögliche Lösung zeigen. Und vermutlich war das Problem der Initiator für eine weitere wunderbare Entwicklung.

Ich glaube, jetzt verstehst Du, warum Selbstliebe der Schlüssel zum Leben ist, - zum Leben, so wie es gemeint ist. In liebevoller Verbundenheit, Sabine."

Illusion, dachte Stella, das, was ich durch den Filter meiner Begrenzungen und Glaubenssätze sehe, ist eine Illusion, wie ein vorgelagertes Bild vor der eigentlichen Wirklichkeit, die viel mehr ist. Nachdenklich las Stella die E-Mail gleich mehrmals. Was für eine Option, die ihr Innerstes ihr bestätigt hatte! Ich bin wirklich viel mehr, als ich glaube, denke, fühle. Und die Welt ist viel mehr.

Sie ließ sich auf ihr Bett fallen, in dem Gefühl, mehr und mehr nicht nur zu verstehen, sondern auch zu verinnerlichen, mehr und mehr sie selbst zu werden. Und das fühlte sich verdammt gut an!

31.

Stella fühlte sich wie in einer Aufwärtsspirale, natürlich war nicht jeder Tag gleich gut, doch die Downs waren nicht mehr so tief und lang und die Highs festigten sich. Sie fühlte sich auf ihrem Weg. Doch ihre Berufung war ihr nach wie vor unklar.

„Hi Stella, Lebensaufgabe, Berufung – da gehen die Meinungen weit auseinander. Einige sagen, dass die Lebensaufgabe das ist, wofür man sich entscheidet. Andere, dass es egal ist, was es ist, Hauptsache man macht es mit Liebe, denn ihnen geht es darum, in die hohen Schwingungen zu kommen, dass das die eigentliche Lebensaufgabe sei. Ich glaube, dass wir schon gerichtete Lebensaufgaben haben, in denen wir unsere Talente und Begabungen einbringen. Wenn du kein Interesse an etwas hast und es auch nicht deinen Talenten entspricht, wirst du vermutlich auch deine Erfüllung und Aufgabe nicht in diesem Bereich finden. Ich glaube aber auch, dass es nicht nur eine Lebensaufgabe gibt. Leben ist Veränderung und wir entwickeln uns. Und so entwickeln und verändern sich, glaube ich, auch die Lebensaufgaben. Für manche mag es tatsächlich eine einzige im Leben geben, die in unterschiedlichen Facetten gelebt wird. Bei anderen gibt es in den verschiedenen Lebensphasen verschiedene Berufungen. Gerade bei Frauen sieht man, wie sich der Enthusiasmus vom Beruf zur Familie hin verändern kann.

Zitat Joseph Campell: 'Wenn du deinen Weg vor dir Schritt für Schritt klar siehst, dann ist es nicht dein Weg. Deinen eigenen Weg machst du mit jedem Schritt, den du gehst, deswegen ist es dein Weg.' Erst, wenn wir das Leben, das wir geplant haben, loslassen, können wir das Leben, das auf uns wartet, haben.

Wie kommen wir diesen Schritten näher? Zunächst durch das Gefühl der Erfüllung, spüre es, vibrierend, voller Absicht. Und dann durch dein Handeln. Vielleicht magst du dazu eine Übung machen: Lade dein zukünftiges Selbst ein. Gehe in dich, in deinen Herzraum. Spüre hinein und wenn du das Gefühl hast, ganz bei dir zu sein, dann bitte dein zukünftiges Selbst zu dir. Lade es ein, dir gegenüber Platz zu nehmen. Schau es dir an, wie sieht es aus, wie bewegt es sich, welche Haltung hat es? Dann kannst du deinem zukünftigen Selbst Fragen stellen. Reich ihm deine Hände, damit es seine in deine legen kann und du seine Energie spüren kannst. Mich hat diese Übung sehr berührt und mir einige wertvolle Antworten gebracht. Ich kann sie nur empfehlen! Und ich wäre natürlich neugierig, ob sie auch dir so guttut. Freu' mich, von dir zu hören. Alles Liebe, Sabine."

Am Abend begann Stella mit der Übung. Sie schloss die Augen, richtete ihre Aufmerksamkeit auf ihren Herzraum, es war wie ein Eintauchen. In ihrem Innersten angekommen, lud sie ihr zukünftiges Selbst ein. Wartete. Dann erschien es, sie. Das zukünftige Selbst strahlte Selbstsicherheit, Liebe, Erfüllung, ja Würde aus. Stark und sanft zugleich, es schien ganz in sich zu ruhen, entschlossen und hingebungsvoll. Stella war fasziniert. Ihr zukünftiges Selbst blickte sie voller Güte und Liebe an, Geborgenheit und Akzeptanz vermittelnd. Stella begann den inneren Dialog. „Darf ich dir einige Fragen stellen?" „Aber natürlich." „Was hat den Unterschied von dir zu mir ausgemacht?" Das Lächeln ihres Zukunftsselbst wurde noch inniger, weicher: „Ich weiß um mich selbst." Stella hielt die Luft an. Wow, was für eine Antwort! Das ließ sie erst einmal sacken. Ihr Zukunftsselbst legte den Kopf leicht schief, ihr Wesen schien Stella zu umarmen, mit ihrer Zuneigung zu umhüllen. Stella spürte: Ja, so bin ich gemeint. „Wie kann ich zu dir werden?" „Du bist schon da, du musst es nur zulassen." Als Stella ihrem Zukunftsselbst ihre Hände hinhielt, damit es seine hineinlegen konnte, wurde es nebulös, wie in Auflösung. Stella war irritiert, dann spürte sie die Energie von ihrem Zukunftsselbst in sich und hörte es lachen: „Ja, ich bin schon in dir." Jetzt verstand Stella, warum Sabine geschrieben hatte, dass diese Übung sie sehr berührt hatte.

Noch mehrmals wiederholte sie die Übung. Die Energie ihres zukünftigen Selbst war so wohltuend, so motivierend und die Antworten waren so tiefsinnig. „Die Schwere, die du spürst, ist wie ein Sprungbrett zur Leichtigkeit. Sie gehört nicht zu dir, aber sie ist nützlich, damit du dich von ihr abstoßen kannst." Und mit dem liebevollsten Blick, den Stella je gesehen, gespürt hatte: „Ich bin dir sehr dankbar für all das, was du getan hast, gelernt hast, gespürt hast, gefragt hast. Denn durch DICH konnte ICH werden."

32.

Wie aus dem Nichts tauchte der Gedanke auf. Klarheit. Alles machte jetzt Sinn, ihr Weg hierher, das Studium, der Nebel in ihr, die E-Mails, alles.

Der Gedanke kam nicht vom Verstand, aber der schien einverstanden zu sein, kein Aber, kein Widerspruch, als ob er sich diesem Gedanken unterordnete und eher hilfreich sein wollte, weil er verstand, wie wichtig er war. Es war ein intuitiver Gedanke, ganz tief in ihr und doch von irgendwoher kommend. Doch das war nicht wichtig, wichtig war, dass er sich wie die tiefste Wahrheit anfühlte. Stella war wie elektrisiert. Die Energie in ihr trieb sie voran, sie brannte darauf loszulegen. Aufgeregt und voller Euphorie versuchte sie, die aufkommenden Gedanken, die durcheinanderwirbelten, zu ordnen. Es war der Schritt, den sie gesucht hatte. Wie es dann weitergehen würde, wusste sie nicht. Auch das war nicht wichtig. Es würde sich zu gegebener Zeit zeigen. Ja, Ungewissheit war die neue Norm. Stella spürte eine Ruhe und ein Vertrauen in sich, zu sich, zu dem Gedanken, ins Universum. Ein Vertrauen in ihre Talente, ihre Fähigkeiten, ihre Willensstärke. Es war eine Herausforderung mit vielen Fragezeichen, doch sie würde es schaffen! All das fühlte sich absolut stimmig an. Stella öffnete ihren Laptop, atmete durch und begann zu tippen:

„Tessa saß zusammengekauert in der Ecke ihres Bettes, die Arme um die angezogenen Beine geschlungen, als ob sie sich selber zusammenhalten müsste, den Kopf Halt suchend auf die Knie gestützt…"

Anmerkungen, Quellverweise und weiterführende Informationen

Die aufgeführten Webseiten zu Personen sind auf Englisch und enthalten auch freies Material zum Downloaden, so dass man einen Eindruck von ihrer Arbeit bekommen kann.

Kapitel 4:

Die Übung wird in dieser Art von Claire Zammit und Katherine Woodward Thomas in ihrem Kurs „Feminine Power" als Powerbase 1 vermittelt. Im Kurs geht es um die „weibliche" Seite des „Erschaffens", mit der wir durch Erziehung (meistens) weniger in Kontakt sind. In ähnlicher Form findet man die Übung in anderen Kursen und Büchern, die die Arbeit mit dem inneren Kind betreffen.

www.femininepower.com

Kapitel 5:

Gregg Braden macht die Aussage zur Stärke des elektromagnetischen Feldes des Herzen unter anderem in einem Youtube-Film:

www.youtube.com/watch?v=D_2EKIG_zEg

www.greggbraden.com

Gregg Braden hat diverse Bücher geschrieben, von denen einige auch auf Deutsch erschienen sind.

Er verweist auf die Forschungen des HeartMath Institutes:

www.heartmath.org

www.HeartMastery.com

Kapitel 7:

„Die Seele existiert auch nach dem Tod" von Rolf Fröböse, erschienen am 25.04.2008 in der Zeitung „Die Welt":

www.welt.de/wissenschaft/article1938328/Die-Seele-existiert-auch-nach-dem-Tod.html

Kapitel 8:

Eine ähnliche Übung für die Arbeit mit dem Schatten hat Debbie Ford, die als eine der führenden Persönlichkeiten in der Schattenarbeit gilt, entwickelt.

www.debbieford.com

Debbie Ford hat diverse Bücher geschrieben, von denen einige auch auf Deutsch erschienen sind.

Kapitel 12:

Das Gleichnis von der Eichel, die alles Wissen in sich trägt, um zur Eiche zu werden, hat schon Aristoteles verwendet. Aufgriffen für seine Arbeit, die er „Emergineering" nennt, hat es Derek Rydall. Er bietet u.a. Online-Kurse an, die helfen, mit dem Potential und dem Wissen, das in uns ist, mehr in Kontakt zu kommen.

www.derekrydall.com

www.lawofemergence.com

Kims Ausführungen zur Quantenphysik, dem Beobachtereffekt und der Kontextabhängigkeit werden ähnlich von Dianne Collins in ihrem Buch „Do You Quantum Think? New Thinking That Will Rock Your World" angesprochen.

www.diannecollins.com

Kapitel 13:

Die Idee, Ängste in offene Fragen zu transformieren, habe ich aus dem „Living Your Destiny" Programm von Claire Zammit und Katherine Woodward Thomas.

www.femininepower.com/livingyourdestiny

Kapitel 15:

Einige Definitionen der Göttin Lakshmi habe ich der folgenden Webseite entnommen:

www.yoga-vidya.de/Bilder/Galerien/Lakshmi1

Kapitel 17:

Die Übung „Herunterbrechen der Wünsche" stammt aus dem Kurs „Emergineering" von Derek Rydall.

www.derekrydall.com

Die offenen Fragen als Technik findet man unter anderem bei Dr. Dain Heer.

Videoserie „Being You, Changing the World Class", in der Folge „Thank you and what else is possible?"

www.drdainheer.com

Ähnlich definiert auch Derek Rydall in seinem Kurs „Emergineering" eine Vision, sowie die Unterschiede zu Visualisation, Imagination und Zielen.

www.derekrydall.com

Kapitel 18:

Marianne Williamsons Bestseller ist auch auf Deutsch erschienen: „Rückkehr zur Liebe". Sie bietet verschiedene Online-Kurse und -Seminare an, u.a. auch zu „A Return to Love", und hat diverse Bücher geschrieben, von denen weitere ebenfalls ins Deutsche übersetzt wurden.

www.marianne.com

Kapitel 20:

Bruce Lipton hat diverse Bücher geschrieben, von denen einige auch auf Deutsch erschienen sind.

www.brucelipton.com

Die Aussagen zur Methylierung basieren auf einem Artikel in der Pharmazeutischen Zeitung: „Auf Stress programmiert" von Christina Hohmann, erschienen in der Ausgabe 33/2008

www.pharmazeutische-zeitung.de/index.php?id=6438

Das Zitat von Lynne McTaggert habe ich einem Artikel des P.M. Magazins entnommen:

„Können Gedanken Materie verändern?", Autor: Kristian Flohr, erschienen im P.M. Magazin 02/2010 www.pm-magazin.de/r/mensch/k%C3%B6nnen-gedanken-materie-ver%C3%A4ndern

Lynne McTaggert hat diverse Bücher geschrieben, von denen einige auch auf Deutsch erschienen sind.

www.lynnemctaggert.com

Lynne McTaggert hat mit Wissenschaftlern des Institute of Noetic Science eine Webseite eingerichtet, über die Massenexperimente koordiniert werden, an der jeder teilnehmen kann:

www.theintentionexperiment.com

IONS (Institute of Noetic Science)

www.noetic.org

PEAR (Princeton Engineering Anomalies Research Lab)

www.princeton.edu/~pear

Kapitel 21:

Vergleiche zur Definition „Intuition":

www.de.wikipedia.org/wiki/Intuition

Das Buch „Essenz" von A.H. Almaas, Arbor Verlag, 4. Auflage 2009, S.34

Die Übung mit Annäherungsfragen zur Vision stellt ähnlich Jean Houston in ihrem Kurs „The 3 Keys to Discovering & Living Your Life's Purpose"

www.evolvingwisdom.com/jeanhouston/yourlifepurpose/free-online-class

Mehr zu Jean Houston unter:

www.jeanhouston.org

Kapitel 22:

Dr. Joe Vitale ist bekannt geworden durch den Film „The Secret" und bietet Techniken wie „The Secret Mirror" an, um dem Leben, das man führen möchte, näher zu kommen. Um diese Technik und den dazu angebotenen Kurs zu promoten, gab er ein Interview, aus dem ich das Zitat übernommen habe.

www.mrfire.com

Dr. Rick Moss arbeitet mit dem Erwachsenen in uns, der sich als Kind rückwirkend in Liebe heranreifen lässt. Seine Arbeit hat er in den Interviewserien von Live Big Media vorgestellt.

www.livebigmedia.com/FreeEvents   Awakening To Life's Abundance, Manifest Everything Now, Limitless Transformation

www.essentialpathways.com

Die „Glaubenssatzprüfung" verwendet ähnlich Dr. Dain Heer in seiner Videoserie „Being You, Changing the World Class", in der Folge „What if everything truly is okay?":

www.drdainheer.com

Kapitel 24:

Mehr zu Masaru Emoto unter:

www.masaru-emoto.net/english/index.html

www.hado-life-europe.com

Masaru Emoto hat diverse Bücher geschrieben, von denen einige auch auf Deutsch erschienen sind.

Kapitel 26:

Ähnlich formuliert Neale Donald Walsch in seiner Buchreihe „Conversations with God", Band 3., das Thema „Geben/Haben"

www.nealedonaldwalsch.com

Das Vertrauen in die Synchronizität des Universums und das Öffnen für Wunder beschreibt so Ted Murray, der in den Daily Inspirational Messages von „Humanity's Team" zitiert wurde: Ihn kann man dort auch abonnieren.

www. humanitysteam.org

Gabrielle Bernstein machte diese Aussage in einem Interview des Hay House World Summit 2014.

Mehr zu ihr unter:

www.gabbyb.tv

Gabrielle Bernstein hat diverse Bücher geschrieben, von denen einige auch auf Deutsch erschienen sind.

Kapitel 27:

Mehr über das Herznervensystem und die Interaktion zwischen Herz und Gehirn:

www.youtube.com/watch?v=D_2EKIG_zEg

www.greggbraden.com

www.heartmath.org

www.heartmath.org/research/science-of-the-heart/head-heart-interactions

Gregg Braden hat diverse Bücher geschrieben, von denen einige auch auf Deutsch erschienen sind.

Mehr zur Kirlian-Fotografie unter:

www.de.wikipedia.org/wiki/Kirlianfotografie

Kapitel 30:

Barbara Marx Hubbard gilt als Pionierin der Human Potential Entwicklung. Sie hat diverse Bücher geschrieben, von denen eines auch auf Deutsch erschienen ist.

www.barbaramarxhubbard.com

Barbara Marx Hubbard bietet zwei Online-Kurse an:

www.theshiftnetwork.com/courses

Neale Donald Walsch ist bekannt durch seine auch auf Deutsch erschienene Bücherreihe „Gespräche mit Gott". Die Aussage habe ich dem Interview „Life Turnaround" auf evolvingwisdom.com, das er im Vorfeld seines Online-Kurses „Conversations with God" gab, entnommen.

www.nealedonaldwalsch.com

www.evolvingwisdom.com

www.stefaniehirtreiter.de

Dank

Viele Menschen haben dazu beigetragen, dass dieses Buch entstehen konnte. Ihnen allen danke ich von Herzen. Im weiteren Sinne sind es alle Menschen, die auf mehr oder minder signifikante Weise in mein Leben gekommen sind und so mitwirkten, dass ich zu der Person wurde, die ich heute bin.

Spezieller Dank geht an meine Familie, für das, was sie mir ermöglicht und mitgegeben hat, allen voran ihre Liebe. An meine Tochter, die für mich ein großer Lehrer und Motivator ist, meinen Weg weiter fortzusetzen. An meine Freunde, für ihre offenen Ohren und Herzen, ihre weisen Worte und berührenden Taten, für ihr Vorbildsein und ihren liebevollen Blick auf mich. An meine spirituellen Lehrer, die ihr Wissen mit mir teilten, mich weitergeführt und mir Türen zum Erkennen, Verstehen und Sein geöffnet haben. An Paula für ihre sensible Wegbegleitung und unsere tief gehenden Gespräche!

Dank auch an Diana Schulz vom EchnAton Verlag für wertvolle Anregungen, die in das Buch eingeflossen sind. An Claudia Euler-Schmidt, es-grafik, für die Coverumsetzung. Und an die Leser, dass sie sich die Zeit genommen haben, denn was ist ein Buch ohne sie?

Stefanie Hirtreiter

Zeitfracht Medien GmbH
Ferdinand-Jühlke-Straße 7
99095 Erfurt, Deutschland
produktsicherheit@kolibri360.de